U0146306

走过粤港澳

茅盾青少年文学院第二届征文作品集

赵庆铂◎主编

作家出版社

扫描二维码
获取更多活动信息

编委会成员

茅盾青少年文学院第二届征文活动
粤港澳大湾区少年作家营留影

>>>目录

(按姓氏笔画排序　排名不分先后)

第二部分　新时代

第四部分　走过澳门

序言

> 只有竹子那样的虚心，牛皮筋那样的坚韧，烈火那样的热情，才能产生出真正不朽的艺术。
>
> ——茅盾

正翻开这本书的朋友：

你好！

转眼间，这已经是茅盾青少年文学院以这样的方式与你会面的第二年，这也是有着历史意义的一年。伟大的新中国迎来了它的七十华诞，历经沧桑的澳门回归祖国的怀抱，至此也已有二十个年头。在见证了历史巨变和民族崛起的节点上，少年人也总有自己的观察、自己的思考、自己的志向想通过一杆笔抒发一番，于是，我们便有了这样的一本小集子。

收到这本小书的你，或许是百余位优秀小作者当中的一个，正急切地想从这本书中找到自己的文字，把它当作一张耀眼的徽章，品尝文学写作带给你的荣誉感和成就感；又或许，它是由爸爸妈妈硬塞给了你，填补你原本用来玩游戏的时间，以使你在作文考试中言之有物。这诚然是这本小书可以带给你的一些益处，但都非我们精心为你准备这场文学邂逅的初衷。在阅读这里的每一段文字时，我们希望你能从同龄人的笔下习得遣词造句的法门，感受字里行间涌流出的真挚情感，体验丰富多彩的生活可能。为了让你更容易接近这些文字，许多你耳熟能详的作家朋友也为这些文章撰写了导读，在大朋友的教导中，你更能体会文学的奇妙。

更重要的是，我们想用这本一期一会的小册子提醒你，文学仍在，文学的力量仍在，爱文学的人，仍在。在人类浩瀚的历史长河中，文脉已绵亘了数千年。它或许没有炫目的色彩，没有悦耳的声音，但却实实在在地能为我们打开最妍丽的想象之境，能为我们指引最宽广的远方前程。你或许未必会成为一位作家，甚至未必是一位文字工作者，但更宏阔的精神世界，更丰富的思考与情感，却始终是成为一个完善的、大写的人所不可或缺的。

能用欣赏的眼光览读同龄人的文字，是为"虚心"。能坚持读完这本不算很薄的集子，是为"坚忍"。在读完之后，能够有所得，甚至升起了自己写一写的愿望，是为"热情"。如此，正打开这部小书的你，也成了不朽的文学长河中，一朵激越的浪花。

第二届茅盾青少年征文活动总策划　赵庆铂
2020年2月26日

第一部分

口衔山石细
心望海波平

　　精卫填海，是中国上古神话传说之一。后人多用精卫填海这一成语代指雄心壮志和坚强的意志。唐代诗人韩愈在《学诸进士作精卫衔石填海》一诗中，用"口衔山石细，心望海波平"的诗句，描绘出精卫口衔细石，决心把滔滔海浪填平的美好愿望，传递出一种积极向上、精诚奋斗的精神。

　　港珠澳大桥的建设，正是由无数普通劳动者们"口衔山石细"，一点一滴持久工作，不断坚持、不断累积得来的成果。这座大桥，将让大海变为通途，让原本隔海相望的几座城市更紧密地相连。"少年强则国强"，少年是民族发展的未来。当下的青少年，也应学习这种志向远大、无限进取的品格，用所学知识为社会进步与发展做出贡献。

　　读到"口衔山石细，心望海波平"这两句诗，你有着怎样的联想和思考？请以此为主题，写一篇文章。

精卫与大桥

王闰石　小学三年级　北京市

又是一年夏天，火红的太阳炙烤着大地。而化身为小鸟的精卫不顾炎热，依旧在辛苦地填海。

突然，她听到石子落进海里的声音不对劲，好奇地低头一看，发现不知何时海面上竟然有条石头路。精卫别提多高兴了！

她在空中盘旋着，激动地喊道："啊！我终于填出一条石头路了！"

"别美了，不是你的功劳，我可不是你填的！"下面传来闷声闷气的回答。精卫吃惊地低头望去，看见那条石头路正噘着嘴，不服气地冲自己嚷嚷。"你是谁？"精卫惊讶地问。只见石头路仰起脸，骄傲地回答："我是很多工人建起来的，我就是未来的港珠澳大桥！"

精卫仔细看了看说："你是大桥？"石头路自信满满地说："没错，设计师说要把我建成长55千米、宽13.1米。我将是世界上最长的跨海大桥。"精卫想：自己填了这么久，依然没有任何进展，何不与人类一起努力呢！于是她小心翼翼地问道："我可以加入，和人们一起建桥吗？"石头路热情地说："好啊，人多力量大，欢迎你！"精卫欣喜地点点头。

第二天，精卫准时飞来了："嗨，早上好！"她打了个招呼问道，"现在你们干到哪一个步骤了？"石头路挺了挺胸说："还要把我再搭厚一些，长一些。""好嘞！看我的吧！"话音未落，精卫就已展翅飞向岸边。很快，她衔着一块石子飞了回来。就这样，在周围轰轰隆隆繁忙作业的机器声中，小精卫一趟一趟，在浩瀚的海面上不知疲倦地来来回回奔波着……

就这样，日复一日，年复一年，时光荏苒，九年一晃而过，终于香港、珠海、澳门三地被一座雄伟壮观的大桥紧紧连在了一起。大桥兴奋地昂起头，一个劲儿地呼唤着精卫。精卫闻讯飞来，立刻被眼前这壮丽的景象惊呆了。她扇动着翅膀，一会儿飞上，一会儿飞下，左看看，右瞧瞧，简直不敢相信自己的眼睛。千百年来，自己口衔细石，历尽了千辛万苦，今天在人类的帮助下，这波涛汹涌的伶仃洋上，终于架起了一座辉煌的桥梁！夜幕降临，桥上的灯突然亮起，就像一条发光的丝带飘在海面上，璀璨夺目。大桥张开宽广的臂膀，让兴奋的精卫落了下来，他们相视而笑："以后人们再也不用乘船过海了，这些劳动人民可真是了不起的英雄啊！"

的确，这座世界上最长的跨海大桥凝聚着无数劳动人民的智慧和心血。在这过程中，每人便都如一个个小"精卫"，坚持不懈，精诚团结，努力奋斗，最终实现梦想，将遥遥大海变为通途！

★沈石溪点评★

小作者基本实现了题干的要求，讲述了小精卫鸟与建筑工人一起建设跨海大桥的故事，文笔流畅，情节完整。年龄限制小作者审题较为表面化，没能从更深层次去挖掘题干立意，也没有做更巧妙的构思，如今后在这方面加强锻炼，相信写作能力可以更上一层楼。

三岛同心记

王怡林　小学三年级　北京市

在一个神奇的世界中，到处仙雾缭绕，我像一只小鸟在天空中飞翔，低头发现了茫茫大海中有三个小岛：丽港、明珠和新澳。三个小岛上的居民通过简易的船只互相往来，每个人都很和善，也很勤劳，但他们总觉得利用船只出行不太方便，一旦遇到大风浪便无法出行。

有一天，丽港岛主提议说："我们为什么不在小岛与小岛之间建造桥梁呢？那样多方便啊！"所有的居民都议论起来，大家非常赞同丽港岛主的建议，恰巧每个小岛的居民都有一种专属的法宝：丽港岛的居民有一种神奇的魔铲可以用来挖土；明珠岛的每户居民有一种发光的夜明珠，在夜明珠亮光的照射下，泥土能变成砖块；新澳岛的居民都有一种漂亮的扇子，用扇子扇风可以把任何东西都吹到想要放置的地方。于是大家决定一起精诚合作完成这一项有意义的大工程。

说干就干，大家分工明确，各司其职，丽港岛的居民负责挖土，明珠岛的居民负责把土变成砖块，新澳岛的居民负责拼搭砖块。就这样夜以继日地干了好多天，丽港岛上有些居民坐到地上，不停地抱怨："铲土是个力气活，我的胳膊好酸啊！"明珠岛上有人嘟囔着："夜明珠晃得我睁不开眼睛了！"新澳岛上扇扇子的人没有组织好，砖块堆放得乱七八糟。在这种混乱的局面下，三位岛主挺身而出，丽港岛主在动员居民的同时，给大家带来了很多补充体力的食物；明珠岛主给岛上的居民分发了太阳镜；新澳岛主则亲自上阵指挥砖块的垒放，一切又变得有条不紊，大家的合作越来越有默契。岛上抱怨的声音渐渐消失了，取而代之的是相互之间鼓励的话语。

但是天不作美，就在大桥快要完工的时候，一场突如其来的暴风雨把居民们几个月辛苦劳作的成果化为乌有，每个人都很伤心，也很失落。这时，三位岛主再一次站出来鼓励大家从零开始，不要被眼前的困难打败，所有人擦干脸上的泪水，坚持不懈地奋战了五百个日夜，大桥终于建成了！居民们都欢呼雀跃，激动地拥抱在一起。从此，三个小岛居民之间的来往更加频繁，大家亲如一家人。

看到这，我也跟着他们一起高兴得手舞足蹈。可是……哎呀，我猛然发现这是我做的一场梦！但是这个梦好真实啊，我想到梦里的小岛就像是香港、珠海、澳门，那梦里的桥就是世界上最长的跨海大桥——港珠澳大桥，这个奇迹般的工程把三个小宝宝都揽进了祖国妈妈的怀里，贴得很近贴得很紧，时刻都能感受到来自祖国妈妈的温度！

★沈石溪点评★

小作者设计了一个童话世界：丽港、明珠、新澳三个小岛，岛民各具特长共同建造跨海大桥，想象天马行空、描写细致生动，展示了小作者一定的写作能力。但值得提醒的是，童话映射现实，其想象也需要有合理的逻辑，丽港岛居民有魔铲挖土，明珠岛居民有夜明珠照耀泥土变砖块，新澳岛居民有扇子扇风。魔铲挖土尚且成立，后两者的设计则不够巧妙，因此整个童话构想的支撑力也稍显欠佳，往后小作者在这方面可以注意。

精卫

王语芊　初中二年级　成都市

茫茫的东海，远望只是一袭与天相接的湛蓝色弧。

一只小小的鸟，从山崖边俯冲而下，轻巧的白色飞影掠过层层涌起的海浪，"哧"，它松开嘴，抛下一颗小小的石子。

"精——卫——"小鸟叫着，天真无奈地叫着，充满希望地叫着。它看见那小石子坠进无边无垠的大海，看见海洋尽头它所爱的朝阳。它又转身飞回山顶，自从它被大海淹死的那一天起，它就无时无刻不希冀这大海被填平。

它不在乎自己的力量是否太渺小，它只知道海洋再广阔也有尽头。它只是执拗地坚信着——

它的努力，一定会成功的，一定会。

千百万年过去了。

茫茫的东海，海天依旧，涛声依旧。

精卫的守望，在岁月中被慢慢磨平，没有留下一点痕迹。无数前来瞻仰和凭吊的人们，只能从上古流传的神话中，追寻精卫坚毅和执着的影子。

他们同情它的遭遇。

钦佩它的精神。

也嘲讽它的异想天开。

这些人是不懂精卫的。他们看见生命的短暂和渺小，却未曾看见生命的坚毅和执着，能够创造不朽。他们未曾看见，精卫啊，它的精神，自古以来就流淌在中华民族的血脉里——

君不见，南海边。

七年的时光更迭，一代代工作者用最深沉的执念，在万顷碧波之上，描绘出中华民族伟大复兴的蓝图。

港珠澳大桥，一道优美笔挺的白色身影，纵跨在湛蓝的海波上。这是建造者们用心血炼化出的神奇，是举世瞩目的世界奇迹。

这伟大奇迹的缔造者，这千千万万平凡又不凡的工作者们！

外人的鄙夷与不解，他们选择了不予理会；处境的孤立与无援，他们选择了继续战斗。漫漫长夜，在一片茫然的海面上，他们回头却望不见彼岸。整整三十三段沉管隧道，国外机构冷眼旁观，他们独自钻研破开一片新天地。其中几多绝望，几多辛酸，外人只看见那辉煌成就的光鲜外衣，又有谁能够理解？数不清多少次无奈的泪水快要把信念冲垮，可是他们擦干泪又重新站起来！因为他们相信，跬步之积可以至千里；因为他们相信，勇敢，会在绝望的尽头找到希望的方向。

这是一座桥，可它又何止是桥？它又何尝不是中国桥梁史上一座里程碑，何尝不是新时代的精卫们战胜海洋的第一步！

这些无畏和坚定的工作者，这些精卫的灵魂的传承者呀！

我赞美你们！你们是这个伟大时代的先驱，你们坚定这信念，追逐这梦想，你们用渺茫的微薄之力与这广袤的大海博弈，你们就是新生的精卫呀！

精卫呀！你看这大桥通向的，不正是你夜夜所思所梦想的朝阳吗？

★沈石溪点评★

文如其人。同一个命题作文，不同写作者有不同的角度，与作者心性有关，与作者偏好有关。该篇作文，小作者以抒情散文方式，直抒胸臆，表达了对小精卫的赞美之情，对筑桥者的歌颂之意。深情凝于笔端，敬仰泻于纸上，起承转合，流畅自然，情感丰沛，颇具感染力，也可见小作者是个情感细腻、美好向上之人。

愚公游大桥

王博阳　小学三年级　南京市

　　话说愚公移山的精神感动了上天，玉帝命两个大力神将太行和王屋两座大山移走后，愚公觉得心愿已了，安详去世，去世后竟上天做了神仙，几百年后，2018年到来了……

　　有一天，愚公闲暇无事，朝人间一看，竟发现一条巨龙蜿蜒于大海之上，愕然片刻后，撸起袖子擦擦眼睛，自言自语道："人间竟有如此巨龙，待我下去仔细瞧瞧。"语毕，驾上白云而去。

　　约莫一盏茶的工夫，愚公便来到了所谓的巨龙处，原来，这不是一条龙，而是一座大桥呀。愚公站在桥头，迎着淡淡海腥味的海风，碧波滔滔的海水在太阳的映照下波光粼粼，就像水面上铺了一层细细的碎钻。天连水尾水连天的海面上矗立着一座跨海大桥，双向六车道，甚是雄伟壮观。刚好有导游带着一群游客也在参观，愚公灵机一动，混入其中。原来，这座桥东起香港国际机场附近的香港口岸人工岛，向西横跨伶仃洋海域后连接珠海和澳门人工岛，止于珠海洪湾；桥隧全长55千米，其中主桥29.6千米、香港口岸至珠澳口岸41.6千米；桥面为双向六车道高速公路，设计速度100千米/小时；工程项目总投资额1269亿元，历时九年之久，从设计到完工，都由中国人自行完成。

　　导游讲得眉飞色舞，嘴角上扬，抑制不住自豪的神情，愚公惊叹不已：以前总觉得自己是个犟骨头，两座大山挡道，非要一铲一铲地挖，假如不是玉帝帮忙，肯定要挖上几辈子。可这大桥，完全是这些凡人自己建成的，在大海中打桩，这是多么不敢想象的事情呀。古有精卫填海，今有跨海造桥。我们华夏子孙身上就是有不服输的精神，有"粉身碎骨浑不怕，要留清白在人间"的义无反顾，也有"长风破浪会有时，直挂云帆济沧海"的豪情壮志，更有"路漫漫其修远兮，吾将上下而求索"的脚踏实地。太阳缓缓从东方升起，些许光芒晕染着周边的云层，仿佛给她们穿上了一层镶金边的衣裳；港珠澳大桥在阳光下，反射出细微光芒，一不小心，眯晃了愚公的眼。太阳越升越高，阳光洒遍了鳞次栉比的高楼大厦，洒遍了车水马龙的宽阔街道，洒遍了每个中华儿女。看着如此盛景，愚公捋须大笑，驾云而去。

愚公移山宁不智，精卫填海未必痴。深谷为陵岸为谷，海水亦有扬尘时。我等华夏好儿郎，发奋共建大家庭。

★沈石溪点评★

"愚公移山"与"精卫填海"有着精神上的共通性，因此小作者做了平移的联想，以古代愚公来看现代人类，借古人之口感叹今人的伟大创造。"愚公移山宁不智，精卫填海未必痴"，以愚公、精卫来烘云托月，正面肯定今人的精神与智慧，小作者娴熟运用了衬托的写作手法，达到了预期中的艺术效果。

精卫，"精卫"！

——致港珠澳大桥的建设者

王墨儒　小学四年级　北京市

　　精卫填海，一只纤弱的小鸟竟然想把洋洋大海填平？！

　　愚公移山，一位龙钟的老爷爷竟然想把巍巍大山移走？！

　　"愚公移山宁不智，精卫填海未必痴。"小鸟精卫为了不让更多无辜生命葬送于汪洋大海，不惧困难、敢于挑战，每天坚持衔一石一草放入大海，日复日，年复年，希望把大海填平；老人愚公为了不让更多宝贵时间蹉跎于蜿蜒山路，迎难而上，每天坚持一沙一砾转移山石，父传子，子传孙，决意把大山移走。"口衔山石细，心望海波平。"身担沙砾小，志在惠众生，这不正是对我国古代劳动人民不畏艰难险阻、坚持不懈、艰苦奋斗精神的完美诠释吗？

　　时光在流逝，时代在碰撞，承载着中华精神的精卫跨越千年与新时代的"精卫"在时间的洪流中相遇了。

　　"知其不可为而为之。"著名的港珠澳大桥，就是千千万万的新时代的"精卫鸟"凭着一腔热情，用"精卫精神""愚公精神"建成的。当初，设计港珠澳大桥的时候，设计者是想在大海上建造一座连接香港、珠海、澳门的跨海大桥，有了这座桥，在大湾区就不用绕道而行，这样会缩短很多距离，节省很多时间和资源。但是，在海上建桥，可不是说建就建的，面临着很多困难，就像精卫填海一样，几乎不可能。世界上许多国家曾经尝试过，大部分都失败了，即使建成功的，桥也不长。

设计师们很抓狂，工程师们很受挫，但是，在苍茫的大海上，有一群中国的"精卫"却不甘放弃，日夜劳作，他们冒着严寒酷暑，披星戴月，没日没夜地坚持在海上辛苦建设。一笔一画，一砖一瓦，精诚所至，金石为开，终于，"大海"被他们隔断了。勤劳智慧的建设者，新时代的"精卫"们，通过自己的劳动，硬是在茫茫的、深不见底的大海上，建造了一座"神奇"的跨海大桥，全长五十五公里，将大湾区更紧密地联系在一起，建造了世界上最长、最大、难度最大、设计最精准的大桥，这是用中国精神创造的世界奇迹！

我们都应该学习"精卫精神"，是精卫精神和中国力量让我们伟大的祖国创造了一个又一个世界奇迹。奋斗光荣，向自强不息者致敬！劳动光荣，向热爱劳动的"精卫鸟"们致敬，向新时代的"精卫"致敬！

★沈石溪点评★

"知其不可为而为之"。小小的鸟儿与汪洋大海、老弱的愚公与巍巍大山，肉身凡人与"世界上最长、最大、难度最大、设计最精准的大桥"，一系列的强弱对比，更加反衬出筑桥者其意志之坚、精神之伟，正是这些创造了中国奇迹。小作者论述完整，行文流畅，值得肯定。

千年沧海精卫魂

文涵钰　初中一年级　广州市

> 鸟有偿冤者，终年抱寸诚。
>
> 口衔山石细，心望海波平。
>
> 渺渺功难见，区区命已轻。
>
> 人皆讥造次，我独赏专精。
>
> 岂计休无日，惟应尽此生。
>
> 何惭刺客传，不著报雠名。
>
> ——韩愈《学诸进士作精卫衔石填海》

　　这个世界上总有许多神话传说流传在世，大小孩子们听着祝融和共工的纠纷渐渐长大，鲲鹏从梦里游进一望无际的汪洋。旁人无法辨别故事真假，这世界上究竟有没有精卫填给大海碎石和枝条也无从查证。

　　但我们又何曾想过呢，那些神话传说的背后是中国，是秦岭巍巍，渭水泱泱，也是八百里秦川浩荡，是那个朴实宽厚、豁达大度的中国呀。经常有些外国朋友会问我，你们的故事怎么读起来都好像差不多啊，不都是一个人为了自己的家去上刀山下火海嘛。或许我们的确没有灰姑娘的水晶鞋传奇，也没有手持雷电劈开天地的宙斯，可这些故事的背后，却是中国人独有的"家国情怀"，也是一个民族，乃至一个国家的自强自立与生生不息。

那么，我给你讲一个男儿的故事吧，一个关于神话传说的故事：

　　年少时谁没有听过祝融和共工打架撞倒了不周山，谁不知道精卫衔着木枝往返于山海之间。我第一次听闻觉得甚是有趣，坐在院子里的大榕树底下听爷爷把那些神话翻来覆去地讲，但总逃不出盘古巨斧所劈开的天地。谁没有过一段听不进唠叨的年轻气盛时期，我便厌倦了精卫的无趣故事，只把它当作游戏玩玩便可。

　　可人总是会变的，榕树下摇蒲扇的男孩变成戴眼镜的书生也不过几年罢了。看着同龄人为了自己的志向坚持不懈地拼搏，我心底终究有些触动。再回首，或许当一只精卫也没什么，也会为了身后的人独当一面。

　　中国人，特别是我们这个年纪的，不论威权富贵，贩夫走卒，都记着那句"苟利国家生死以，岂因祸福避趋之"。那年盛夏，我在大榕树下摇着蒲扇答应爷爷，无论将来走得多远，还会踏过熟悉的巷子回到故乡。记得很清楚，那个时候，我刚满了七岁。

　　后来，我在将近不惑的时候回到了那棵榕树底下。将近2009年年底了，政府说要把香港、澳门和珠海连接起来。第一个在我脑海里闪现出来的字眼，还是"精卫填海"。大概是几年后了，那些工程队把钢筋水泥一车一车地拉过来，我就站在珠江出海口看着。大桥建设遇到瓶颈期，总工程师说，"我不能走"。只孤身一人扬帆查看。他说要将只手撑天空，我们就撑着，没有人想过放弃。

　　再后来啊，就到了2018年。不管经历了多少的风云更替岁月如流，精卫还是填平了东海，哪怕只有那么一小块。

　　几千年前的精卫并不知道，它无数次的往返造就了伶仃洋上的一个奇迹，一个属于它的后人的奇迹。

这个奇迹属于一个伟大的时代，属于一个已经到来的时代。

这些话对于你们来说，可能真的是一些很幼稚的话语。但祖宗留下来的话总是不会错的，"口衔山石细，心望海波平"，只要有恒心，没有什么办不到的。

这是关于一个参与"港珠澳大桥"项目建设的男儿的故事。

我停下匆匆步伐。看着白驹过隙匆匆忙忙，五千年的光阴转瞬即逝。那个晃晃悠悠骑自行车、嗑瓜子看黑白电视的时代是手中抓不住的沙子，慢慢地淡出了世人的视野。熟悉的窄街小巷上了锁落了灰，卖冰糖葫芦和糖面人的老爷爷也没有出现。四十年恍惚一瞬，曾经的一穷二白换作灼灼桃花。

四十年来，我们改变了很多很多。不变的却是坚持走着中国道路的我们，创造了一个崭新的世纪，一个崭新的时代，一个崭新的中国。从站在长江西畔指点江山，到现在孑然一身立于澳门海岸，中国人，实现了那些四十年前遥不可及的梦想。

一沙一石，执笔杆吹散苍茫烟波；一针一线，针引线绣出海天一色。

★沈石溪点评★

文章开篇令人惊喜，小作者成竹在胸，指出共工祝融、精卫填海等神话传说其背后承载的都是一代国人的民族记忆、家国情怀。笔触转到一个小男孩的成长，从在院子里听爷爷讲故事不屑一顾的孩童，到不惑之年投身大桥建设的总工程师，个人在成长，但不管岁月如何变迁，"中国精神"却是融在骨血里的！本文立意高远，思想深邃，值得嘉许。小作者有格局，有技巧，兼叙兼议，叙议结合，但驾驭的难度也客观存在，小作者如能在叙和议的承接转圜上更自然，笔力更聚焦，则还能更上一层楼。

新精卫填海

方睿奇　小学五年级　北京市

"你可知Macau不是我真姓，我离开你太久了，母亲……"

我一边轻声哼唱着这首耳熟能详的歌曲，一边从书架上随手抽出一本《新精卫填海》。刚开始，我只是漫不经心地翻看，但不久，我就被精彩的故事深深地吸引了：

在遥远的东方，有一个伟大的母亲——华夏，她和许多儿女幸福地生活在神州这片乐土上。可惜，好景不长，八只西方的怪兽气势汹汹地扑过来，它们掀起滔天巨浪，卷走了华夏母亲的无数儿女。在华夏母亲和她的英雄儿女们的顽强抗争下，大部分被卷走的孩子都回到了母亲的怀抱，这些孩子中有两个美丽的女孩儿——香港和澳门，她们奋力挣脱了恶兽的魔爪，不顾一切地向家的方向奔跑，回家了，终于回家了。她们唱着、跳着，回到华夏母亲怀抱的幸福让她们兴奋不已。

两个女孩儿的回归让华夏母亲一解思念之忧，家门口这条浅浅的海峡不应再拉长母亲与孩子之间的思念，于是华夏母亲目睹了这一切，她的心都碎了！

她决心筑造一条长长的强健有力的臂膀，穿过海峡，去接自己的女儿回家！消息一出，华夏儿女的微信群顿时"爆炸"：香港和澳门的兄弟姐妹们化作一只只精卫鸟，从四面八方赶来了！他们衔来大兴安岭的肥沃黑土、塔克拉玛干的粗粝黄沙、泰山顶上碧绿的松针、海南岛上鲜红的荔枝壳，纷纷将它们投到大海之中。可是这些土啊、沙啊、树枝啊，一投到大海中就被惊涛骇浪卷走了，刹那间无影无踪，这并没有难倒精卫鸟们，他们将土、沙、树枝等混合在一起，用唾液黏合成大土块（后世美其名曰"混凝土"），这下，可真如一个个定海神针一般，海浪再也冲不走了。可是，新的烦恼又出现了：南边的第九只怪兽化身为台风冲过来了。没办法，精卫鸟们只好先躲过台风的进攻，等台风一过，精卫鸟们便迫不及待地继续工作，不料，台风已过、大浪未息，一个巨浪打来，几只精卫鸟被卷入海底……

各种前所未有的麻烦接踵而来，海水中富含硝酸盐，会腐蚀柱子，海底的泥土松软到无法立桩子，又不能影响海洋生物的生存环境，等等。但智慧的华夏儿女是无所不能的，用橡胶抵挡硝酸盐，挖海底隧道解决海底土壤松软问题，造人工岛连接隧道和大桥——说得轻巧，建造起来可是非常艰难，但再大的困难，也挡不住华夏大家庭对骨肉团圆的企盼，挡不住华夏儿女创造历史的坚定信念。就这样历经千难万险，大桥一点一点、一寸一寸向着大海缓缓伸展开去……

终于，2018年10月24日，大桥开通运营！——全长55公里，包括22.9公里的主体，4个人工岛和6.7公里的海底隧道，整体用钢量近100万吨，其中主梁用钢量达42万吨，足以建60座埃菲尔铁塔，消耗了砂石骨料至少3000万吨，历时15年，设计使用寿命120年，能挡住时速340公里的台风！

在一个阳光明媚的清晨，香港和澳门这对姐妹惊奇地发现有一道长虹从海峡的那边飞来，那不是风雨后的彩虹，彩虹没有它那么雄伟壮丽；那更不是夜空中的银河，银河没有它那么绚丽多彩。

啊！那是一座桥，一座用华夏母亲和儿女们的汗水、泪水和爱搭成的桥，来拉近所有儿女们，团结在一起，为着更美好的明天——加油！加油！加油！

正当我沉浸在精彩的故事情节中时，耳畔突然响起妈妈急促的喊声："睿睿，快点！快收拾东西，我们要去看港珠澳大桥啦！"

★沈石溪点评★

这是一篇完成度比较高的新版精卫填海的故事。华夏母亲渴望家人团聚家园统一，华夏儿女纷纷化身精卫衔泥填海，小作者紧扣题干，想象丰富，描写细腻，将精卫精神和家国情怀以童话形式做了较好地结合与再现，值得肯定。如小作者能具备更好的发散性思维，或本文能有更好的演绎。

一座桥的致谢

孔悦颖　小学五年级　广州市

大家好，我是港珠澳大桥——一座跨海大桥。

当我知道我拿到了全球桥梁界的最高奖项——"金桥奖"时，我非常兴奋，但也并不意外。

我出生时，就是世界上最长的跨海大桥，从设计到开通，建造我整整用了三十五年！建造我的是林鸣和他的团队，为了我的出生，他们付出了无数艰辛，没有他们，我也就无缘来到这个世界了。由于需要跨海，我的腿部，是最难建造的部分。当时，林鸣和他的团队并没有这种跨海建造的经验，只好去国外寻求技术支持，可受到的只有嘲讽和羞辱。这反而激励了他们，为了我，为了国家，他们打了六年的艰辛战。一次次论证，一次次否定，一次次优化……

为了我，许多人白了头，许多人受了伤，更有人永远看不到完美的我了。

历经千难万险之后，终于，我出生了！

一出生，我就收获了无数的赞叹。我不仅容貌优美，而且身体素质极好，拥有无数的创新技术与专利，被誉为桥梁界的"珠穆朗玛峰"，被《卫报》称为"现代世界七大奇迹"之一。我得到了许多的荣耀，可我知道，这些荣耀都是设计建造者给我的。

带着这些荣耀，我慢慢地成长着。在我之上，车流如织，人们通过我，方便地来往于香港、珠海和澳门三地间，我为粤港澳大湾区的建设发挥了重要作用。

然而伴随着成长，我的另一面，娇气，也开始显现出来了。

不，我不是真的娇气，只是需要人们的不断关心而已。

由于我的结构实在是太复杂了，主体就包括三座斜拉桥，还有海底隧道、人工岛，于是，我需要每天都有人给我做做检查，进行养护。我最怕的事情一是海水的腐蚀，二是台风。虽然出生时我已经拥有了良好的抵抗力，但真的挑战来临时，还是要依靠那些辛勤劳动的人们给我以无微不至的关怀。

养护我的人给我装上了健康监测系统，给我测脉搏、测心跳，监测我的状态。这些系统非常先进，而且还有专用养护车辆为我服务。对我的监测面临高空、外海、密闭空间三大挑战，想想他们真是不容易啊！他们的不懈努力换来了我不变的美丽与健康。

而我更讨厌的是台风，每次台风来临前，从台风生成开始，陪伴我的养护人员就要开始密切关注我的状况，他们会根据台风的情况启动不同的响应机制，会留下数十人坚守，二十四小时值班监护我的安危。有时我都心怀不安，恨不得自己再强壮些，养护人员就不会这么辛苦了。

正是由于人们的不断努力，娇气的我，居然可以活到一百二十岁！

谢谢这些设计、建造、养护我的人们，没有他们，就不会有我的出生、我的成长、我的美丽与健康，谢谢他们的一路陪伴，我拿到的这个奖，是属于他们的！

谢谢大家！

★沈石溪点评★

拿到了全球桥梁界的最高奖项——"金桥奖"，一座桥的自白和感谢，让读者们了解了幕后团队为其付出的艰辛与努力，小作者视角独特，以第一人称拟人写法娓娓道来，行文自然纯熟，一气呵成。这些都是建立在小作者积累了大量的资料和背景故事的基础上的，并在此基础上慧眼独具，选择素材、适当剪裁。可以说，好作者都是一个好的缝纫师。

口衔山石细，心望海波平

朱敏越　初中一年级　北京市

贞元二年的长安，一群人正围拢在一起——今年的科举放榜了。

人群里挤出一个一脸期盼的少年，他是韩愈，今年十九岁。

韩愈奋力挤到最前排，焦急地在榜上搜寻着自己的名字。找第一遍，肯定是没有一个一个地看，不会没有的；第二遍，应该不会找不到吧，可能是被人撞了一下就看差了；第三遍，不会真的没有吧？我不是很有才吗？

这时，韩愈身后的一位书生撞了他一下："喂，兄弟，你找了好多遍了吧？没有就是没有啦，找不到赶紧把位子让出来！"

韩愈默默地转身离去，不久就听见那位书生的喊声："中了！中了！我中了！"他心中更是黯然。

那晚，十九岁的韩愈不争气地哭了，他在院子里跺着脚，不住地念着："为什么？为什么？怎么会？我是不是就像精卫，明明不可能，却还是不忍放下，不断自我麻醉？我这样的人也会沦落得跟一只傻鸟一样吗？"

"精卫也何尝不知不可能啊。"空中忽然传来一个声音。

"谁？"韩愈赶紧擦干了眼泪。决不能让人看到自己流泪的样子。

一只翠鸟从枝头飘然落地，转眼化成一个微笑的小姑娘："但我们正青春啊，就算知道不可能，但那是我们的梦想，所以无论如何也不愿放弃，不是吗？"

"精卫？"韩愈惊讶地问道。

小姑娘抿着嘴点了点头。

韩愈低下头，沉默了一阵，才道："我刚才不是故意说你傻鸟的。"

精卫笑得更灿烂了："我确实是傻鸟啊，和你一样喜欢为妄想的事奋斗，嘻嘻。"

韩愈的心情一下子又沉重了起来，喃喃道："妄想，真的是妄想吗……"

"这是你自己说的啊，你觉得是就是呗。"精卫说这话的时候，语气很是愉悦，却带着一种不容辩驳的笃定，"我倒是觉得，和我的填海相比，任何梦想都不是妄想。"

韩愈的心一颤，难道自己还有希望吗？他抬起头看着精卫。

精卫嘻嘻一笑，像是猜透了韩愈心中的想法，微微点了点头，重新化作那只翠鸟，消失在夜空中。

几年过去了，韩愈抱着试一试的心态又考了一次，又没中。

等到第三次落第的时候，韩愈彻底扛不住了，他又像几年前一样在院子里哭了。

他忽觉肩头一紧，精卫竟是落在了他的肩上。她落到地上化成了小姑娘，微微笑道："才第三次而已嘛，你可知我在海上来回了多少趟？"

"啊？"韩愈赶紧擦干了眼泪，"你又来了？"

精卫并不回答，继续笑着说下去："我看啊，你嘴上说着自己去考试就是个错误，但还是一次一次地考下去。你不是骗自己说自己能行，是说自己不行吧？你其实一直觉得自己能行，只是给落第找个理由吧？"

韩愈茫然地看着精卫："我不知道，可能是吧。"

精卫俏皮地抿着嘴，化作了翠鸟升上夜空："我等你第四次的成绩啊！"

目送着精卫消失在夜空，韩愈突然乐了。

第四次考试结束的那天夜里，韩愈的心情突然很沉重，仿佛这是自己最后的机会了。他坐在书房不断地仰望夜空，突然很希望她可以出现。

她真的出现了，站在院子里笑着对他说："我飞得最快的时候就是刚被大海吞下去的那几百年。你是不是也找到那种感觉了？"

韩愈点了点头，觉得全身一轻。

"嗯，我看也是。"精卫点了点头，"这么说我成功了。"说完，满意地转身要走。

"且慢，"韩愈赶出书房，道，"晚生想赠你一句话。"

"哦？"精卫奇道。

韩愈深吸一口气，徐徐道："口衔山石细，心望海波平。如何？"

精卫笑了，道："谢谢。"说完，化作那翠鸟，消失在夜空。

终于，经过四次努力，贞元八年，公元 792 年，二十五岁的韩愈高中进士。那晚，他望着精卫消失的地方，悠悠地吟道："口衔山石细，心望海波平……"

★ 沈石溪点评 ★

朱敏越小朋友虚构了一个韩愈与精卫之间的故事，情节完整，基本切题，但这一组人物关系在塑造上不够深刻，设计中的"韩愈"与"精卫"，构成了过于鲜明的二元对立，若能有更丰富立体的情感力量，效果更加。此外，关于精卫，历史传说中其像乌鸦，长着花斑脑袋，有白色嘴巴和红爪，因此，定义为"翠鸟"也不够妥当。小作者在未来写作中应更审慎、严谨。

海上金桥，精卫精神

刘玉成　小学五年级　广州市

　　"又北二百里……女娃游于东海，溺而不返，故为精卫，常衔西山之木石，以堙于东海……"像往常一样，我拿出了小古文书，大声朗读着。这时，妈妈走了过来，问道："成成，你觉得精卫是一种什么样的鸟？""我知道，妈妈，我们在课堂上学过，这是一种有着执着精神和顽强意志的鸟。"妈妈露出了赞赏的眼神："不错！唐代诗人韩愈也对精卫填海的精神赞不绝口哦，他在《学诸进士作精卫衔石填海》一诗中，用'口衔山石细，心望海波平'的诗句，描绘了精卫口衔细石，决心把滔滔海浪填平的雄心壮志，传递了一种积极向上、精诚奋斗的精神。""精卫可真是一种了不起的鸟！"听了妈妈的解说，我在心里不禁暗暗佩服这种鸟！

　　这天晚上，我躺在床上，忽然觉得自己的身体轻盈了起来，两臂化作了一双翅膀，哇，我变成了一只精卫鸟，正和妈妈一起衔着西山的木石，在茫茫的大海上飞翔。忽然，我眼前出现了一条巨龙，蜿蜒向前。"妈妈，那是什么？那么长，那么高，我害怕！"我拍打着翅膀，躲在妈妈背后。"孩子，不怕，这是举世闻名的由中国人自主建造的港珠澳大桥！""桥？"我探出了脑袋，好奇地打量起来，只见这条巨龙气势磅礴、流光溢彩、神秘迷人。桥下白豚欢跃，海船远航，桥上蓝天白云，海鸥翩跹。我不禁看呆了，"妈妈，妈妈，我从来没有看到过这么美、这么壮观的桥！""是的，孩子，这是当今世界上最长也是综合难度最高的跨海大桥，大桥设计使用寿命120年，能抗16级台风和8级地震。它包括三座通航桥，一条海底隧道，两座人工岛……"妈妈向我娓娓道来。"海底隧道，人工岛？妈妈，人类也是像我们一样衔着山石投向海中吗？""不，孩子！中国人拥有科技，也更具智慧。海底隧道由33条巨型沉管和一个最终接头对接而成，人工岛采用了世界上首创的深插式钢圆筒快速成岛技术。""哇，中国人真了不起！"敬佩的同时我的内心不禁泛起了不安，"妈妈，人类可以创造出这么伟大的奇迹，那我们精卫填海岂不是太可笑了吗？我们会不会很快从人类的历史上消失？"一想到未来，我不禁绝望了起来。

"不，孩子，"妈妈温柔而坚定地对我说，"虽然我们精卫永远也不可能把海填平，但是我们祖先在这个过程中体现出来的心怀壮志、不屈不挠、永不妥协的精神却是中华民族的宝贵财富。你看，这座大桥岛隧项目总工程师林鸣，在没有其他国家的沉管技术可以借鉴的情况下，坚持走自主创新的路。十年来，每到关键或危险的时刻，他就会像钉子一样，几小时，十几小时，几十小时地钉在工地上，直到沉管隧道顺利合龙的那一天，他才睡了十年来的第一个安稳觉。他的不畏艰难、自主创新的攻关精神，不正是我们精卫填海的精神的最好诠释吗？还有那些建造这座大桥的四千多名建设者们，在长达八年的时间里，海风吹黑了他们的面孔，尘土粗糙了他们的肌肤，巨大的作业风险没有压垮他们的信念，他们始终满怀信心，一点一滴持久工作，不断坚持，攻坚克难，才创造了人类历史上的奇迹！这种精神，又何尝不是传承自我们？而且它还会在一代又一代中国人身上传承下去，成为我们民族创造一个又一个奇迹的源泉。不信，你看！"妈妈把我带到一扇窗前，透过明亮的窗户，我看到了一群朝气蓬勃、系着红领巾的学生正在大声朗读："口衔山石细，心望海波平……"

我被这琅琅的读书声惊醒，恍然一梦，我为精卫还是精卫为我？这已经不重要，重要的是作为炎黄子孙，作为新时代的青年，我们应该秉承精卫精神，树立远大志向，努力学习，无限进取，为实现中华民族的伟大复兴贡献自己的力量。

"口衔山石细，心望海波平。"我大声地加入这诵读声中！

★沈石溪点评★

一篇文章的评价标准很多维，但是取材和剪裁是一个重要的支点。小作者以与妈妈的对话和交流，将题干中的所有素材集合起来了，故事完整，偏生活流化，胜在完成度尚可。但艺术源于生活，又高于生活，小作者如能找到一个更巧妙的角度来演绎题干精神，或许会更佳。

精卫填海新传

刘颂禾　小学四年级　北京市

小精卫鸟离家出走了。

这事儿要怪就怪妈妈，谁让她成天说学生的任务是学习，精卫的任务就是填海，唠叨得他再也受不了啦。

他是精卫鸟的第九千九百九十九代，精卫填海已经是好久好久以前的事情了，祖先的任务为什么要强加在他头上呀？再说出生在这个现代化的社会，有工夫旅旅游上上网也比衔石子填海强。可妈妈就是不理解，成天逼着他去填海。

精卫一边飞一边生气地想：俗话说天高任鸟飞，我这一走再不回来，看她说给谁听。

他飞呀飞呀，突然看到一片特别宽阔的水面。奇怪，他已经离开东海了，怎么又有这么大的一片水呢？

他慢慢地降落下来，又发现了更加令他惊奇的事。在这片水域的两边，有不少人忙忙碌碌地在干活，有的在操作机器拌沙石，有的在往水里放东西，忙得不可开交。

精卫有些迷惑不解：人类一直都很聪明，可现在怎么像我们鸟一样干填海的傻事儿呢？这么大的海，啥时候能填上呢？

他不由得飞到了干活的人群中间，想弄清楚到底是怎么回事。这时候他听到一个人的电话响了，那个人急忙擦了擦手上的沙土，接通了电话。

那是个三十多岁的男人，脸上都是沙土，可是一看到电话上的号码他忍不住笑了，还露出了雪白的牙齿，"儿子，我马上就能回去，肯定能赶上给你过生日，别着急啊。这个港珠澳大桥可是太重要了，等我们建好了人们来往就会很方便。不管用几年，我们抓紧苦干，肯定能够建好的。"

精卫听了他的话，明白了人们在干什么，也被深深感动了。他不由得衔起一颗石子，向水里扔去。

一颗，两颗，一趟，两趟，他不知疲惫地干着，仿佛是干得热火朝天的工人中的一个。

"'口衔山石细，心望海波平'。难道这就是传说中的精卫鸟在填海？"一个来工地上采风的作家，看到精卫惊奇地说。

听了他的话，小精卫鸟不好意思地笑了。他想：妈妈看到他这么主动地去填海，也会很惊讶吧？嗯，他决定要好好干，和这些平凡而伟大的人一起建造港珠澳大桥，回去再告诉妈妈这个奇迹！

这个现代的精卫鸟又开始衔石子了，一颗，两颗……

★沈石溪点评★

反转是一个常用的写作技巧，以反转形成戏剧性效果，加深读者印象，在这方面最擅长的是美国短篇小说家欧·亨利。小作者也用了这一技巧，以"小精卫离家出走了"开篇，塑造了一个叛逆的孩童形象。但反转要用得好，在于这一转折既在情理之中，又在意料之外，小作者处理小精卫认知的转变，只是在于看到建筑工人的勤奋肯干，如能有更深刻的认识，会更深入人心。

新精卫填海

孙亦心　小学三年级　北京市

　　蔚蓝的海水被风吹得哗哗作响，掀起一朵朵白色的浪花，向远处望去，海天一线，分不清哪是大海，哪是蓝天，数不清的游人在海里畅游，一上一下地随着海浪起伏。

　　一只通体翠绿的大鸟衔着一根树枝从远处飞来，她停在岸边的树枝上，静静地看着在水中嬉戏的人们，她就想到了自己，也曾经幸福、快乐、自由地生活着。那时候，她还是个小女孩儿，梳着两个漂亮的鬏，穿着一身翠绿的衣衫，她驾着小船，到东海去游玩。不幸遇上了大风浪，海在咆哮，风在怒吼，不时掀起一排排巨浪，小船被海浪拍得粉碎。她也像一朵碧绿的小花被海浪卷得无影无踪了。从此她和爱她的爸爸生死相隔。她的灵魂带着对大海的愤怒与仇恨化作一只翠绿的大鸟日复一日，年复一年，要将夺走她生命的大海填平，让更多的人避免再出现这样的灾祸。

　　"爸爸，我太喜欢大海了。"一个稚嫩的声音说。大鸟循着声音看到大树下一对父子正在一起堆着沙堡。爸爸说："你能告诉我为什么吗？"小男孩兴高采烈地说："我喜欢在大海里游泳，在沙滩上堆沙堡、拾五颜六色的贝壳。还喜欢到海底去看各种各样的小鱼。"爸爸摸着男孩的头，微笑着说："我也喜欢大海，大海里有丰富的资源，是重要的运输途径，也是人类赖以生存的气候调节器，虽然现在的科技水平只让我们了解了大海的一部分，但也让我们知道了大海对我们的重要，虽然我们还不能很好地控制它，有时它会很可怕，会形成海啸，热带风暴，会摧毁我们的家园，夺走人们的生命，但是我们可以通过我们所掌握的知识合理地利用它，尽可能地避免大海给我们带来的灾害。我们应该保护大海，让它更好地造福于人类。"

大鸟听到这儿，默默地闭上眼睛，沉思了一会，她看到了爱她的父亲——炎帝向她走来，她问道："父亲，这么多年我都做错了吗？"炎帝露出一丝微笑说："我可爱的女儿，人们通过掌握更多的知识、建造更多的设施，让大海给人类提供了很多帮助，大海对人类的益处远远大于它带来的灾祸。"炎帝张开双臂温柔地说："孩子，放下你心中对大海的仇恨，跟我一起回家吧。"大鸟猛地睁开眼睛看着树下的父子。爸爸对小男孩说："儿子我们回家吧，今天我们吃美味的鱼。"小男孩高声喊着："耶！我最喜欢大海的原因就是我最爱吃鱼，哈哈哈……"

大鸟看着渐渐远去的父子，放下了口中衔着的树枝，挺起胸，抬起头，看着红红的太阳和波光粼粼的金色海面，扑扇着翠绿的翅膀向太阳飞去……

★沈石溪点评★

小作者以两对"父子/父女"关系编织了一个全新的精卫填海的故事，有其独特的思考角度。爸爸和儿子在大海边的对话，启发了大鸟精卫与父亲炎帝的对谈。精卫放下了填海的坚持，消弭了仇恨，走向了平和。从这个故事来说，逻辑成立，叙事完整，但从题干上看审题上略有偏差，立意也可更佳。

一分钱的力量

杜宇祺　初中二年级　武汉市

　　宁静的村落里，家家户户的老房子挤挤挨挨地建在一起。清晨，纯净无杂的天空，太阳从广袤无垠的大地上升起，人们都还未起床。外面静得只有鸟儿愉快的啼叫声，微风拂过，高高挂起的晾衣绳上几件朴素的衣物悠悠地晃起来。

　　然而还是有一个人在劳作。一个老人在后院里。他蹒跚地走到角落，艰难地蹲下来，清理打点着地上一堆捡来的衣物和锅碗瓢盆。伴随着叮叮当当的响声，老人将所有东西收拾到一个麻布大袋子里。不久后，他缓缓地站了起来，又缓缓地挪着步子走进里屋。

　　老人走到桌前，饱经风霜的手拿起一沓信。会是谁写给他的呢？家人吗？老人读着信，脸上慢慢绽开一个笑容，刀刻般的皱纹舒展开来。那种幸福是发自内心洋溢出来的。他戴着一副破破烂烂的老花镜，样子有些滑稽，手上小心翼翼地捧着信，站了好久，好久。

　　"哟，老刘啊，又开始工作了？"屋外有人喊了一嗓子，不知道是关心还是嘲讽。

　　老人微微一怔，应了一声，想起自己有一整天没吃东西了。于是他又缓缓地挪着步子，离开了拥挤阴暗的小屋。走到半路上，又停了下来。

　　他去哪里吃东西呢？哪里有东西给他吃呢？他依稀记得荷包里

有半个冷馒头，但昨晚好像吃掉了。老人只好去集市上看看有没有剩的东西给他。不对啊？现在是早上，怎么会有剩的呢？应该在傍晚去。

是啊，而且还有好多活儿等着他呢，哪儿顾得上吃饭？

老人的工作就是拾荒，至少现在是这样。看门的工作丢了，也是没法的事。

他骑着自行车走村串巷，直到捡回一大堆破烂。沿途，有些好心的村民给他点儿吃的，但老人从不舍得多吃一口。唯一的改善，就是时不时到村头去买一两个馒头，偶尔喝碗豆浆。说起来，现在很想喝一碗热腾腾的豆浆呢，老人想着。是的，豆浆就够了。至于肉，是吃不到的，已经忘了是什么味儿。也不奇怪，二十年了，没吃过肉。

可是又有什么关系呢？老人把捡来的酒瓶子堆在院子里的榆树下面，直起腰来，满足地笑了笑。这些破酒瓶，只能换几分钱。但积少成多。钱，不需要多少，全捐给学生吧，捐了好，捐了帮学生们念书。那些信，也是贫困学生寄来的。社会需要他们，他们是祖国的未来，而我已经老了，不需要什么多余的。老人默默地想。

这位农村的普通老人就是刘盛兰。在贫苦交加的十八年里，他慷慨地将靠拾荒赚的所有钱财捐给了全国各地的贫困学子。

日复一日，年复一年，他从未动摇过。那辆老旧的单车陪伴着他，每天不间断地拾回许多要回收的东西，换成钱，毫无保留地捐出。这么多年了，信念一直支持着他，也是这位善良的老人唯一的动力。他的状况没有使他停下脚步，老人始终坚持到生命的最后时刻。风烛残年，发出微弱的光，却足以照亮整个世界。

在这些日子里，有好心人关心他，却也有人质疑他。有人劝刘盛兰不要把钱全"送"出去，让自己活得好一点儿不是更明智吗？况且，每天去捡别人不要的破烂，只能换一分钱，一分一分攒起来。没错，在他们眼中一分钱少得可怜，但是刘盛兰老人不为所动。或许在那些人看来，老人很愚蠢吧，殊不知，愚蠢的是他们自己。

精卫鸟的石子很小很细，愚公的力量连魁父那样的小山丘都毁不了一丝，刘盛兰老人的"工资"如此微薄，可是在面临巨大的困难时，他心中无所畏惧。因为某种力量在他心底发芽，那是信念的力量。

"口衔山石细，心望海波平。"一望无际的大海，高耸入云的太行山，还有捐献钱财不求回报，在常人眼里是愚不可及的人，甚至有人会嗤之以鼻。可是大智若愚，不要小看了一分钱的力量。

力量再渺小，希望也不能渺茫。无论如何，有了信念的加持，潜能即是无限。

★沈石溪点评★

　　小作者在文中细腻刻画了一个克己奉公、舍己为人的道德模范老人刘盛兰的形象，语言平实、情感真切，读之令人感慨。以典型人物典型事例具体呈现"精卫填海"精神在当下的时代意义，是本文的卓越之处；文末的点睛之笔，"有了信念的加持，潜能即是无限"，也一笔写出精卫精神的本质——信念的力量。这些均体现了作者小小年纪就具有的敏锐的洞察力，难能可贵，值得肯定。

寻

李彦廷　小学五年级　重庆市

　　我拍打着翅膀，叼起一粒小石子，眼前是一望无际的蔚蓝大海。千百年来，无论狂风暴雨或是烈日炎阳，我从未有过一丝懈怠。可大海依然是那么波澜壮阔，没有尽头。随着时间流逝的，还有我的信心。我忽然觉得，战胜大海，似乎已经变成一件不可能完成的事情。

　　这时候，一个颇有些激动的声音在我耳边响起："兄弟！高兴点，别这么无精打采的。我带你去见识一下现代世界的七大奇迹之一！"

　　循着声音的源头望去，原来是一只海鸥。听他这么一说，我的好奇心顿时被激发出来，怀着半信半疑的心情同他一起向海的另一边飞去。

　　飞了不久，一个无比雄伟的建筑映入眼帘。无边无际的大海上，不知何时竟架起了一座跨海大桥。

　　我无比震惊！经过这日日复年年的漫长岁月，大海里隐藏的凶险与变幻莫测的天气谁能比我更清楚？我甚至无法想象建造这样一座大桥需要面临的是什么样的困难与艰辛。

　　就在我陷入沉思的时候，海鸥已经带着我上了一辆观光车。车上坐着好多"熟人"，原来，其他小动物也对这座海上奇迹充满了好奇。甚至连百兽之王——老虎，也在其中。

大家七嘴八舌，兴奋极了，无不想仔细看看这道举世闻名的美丽风景线。海面波澜壮阔，一望无际；海水清澈见底，泛着粼粼波光。风平浪静时的海面就好似另一个蔚蓝的天空。所有人见此美丽风景，都忍不住惊呼起来。此时，一只年迈的树懒语重心长地感叹道："这辈子居然还能以如此之快的速度在海面上行进，也算值了。"

就在大家细细品味这般美景时，一只白海豚从水面一跃而起。溅起的水花在柔和的阳光照射下变得闪闪发光，点缀着跃起的白海豚，就犹如一名身穿华丽衣裳的芭蕾舞演员。白海豚优雅地摆了摆尾巴，抬起光滑的脑袋，发出清脆悦耳的声音："你们这些陆地动物真是太没见识了，精彩还在后头呢！"

这时，百兽之王老虎有些不乐意了，他大声回击："你这只海洋动物哪里懂得我们现在的感受？你什么时候也去陆地上瞧瞧！"

白海豚笑得更大声了，忽然神秘地说："在陆地上是什么感受我不知道，但你们很快就会明白身处海底是什么感受。"

在白海豚与老虎你一言我一语的斗嘴过程中，观光车的速度慢慢降了下来。一眼望去，只见海天一色，再无道路，车上众人皆是一惊，难道真的要进入海底世界了？

车上的气氛顿时凝重起来，连呼吸声都变得震耳欲聋。观光车通过一座美丽的人工岛屿之后进入通向海底的隧道。随着缓慢的前行，我能明显地感觉到白鸽身体的紧绷，自己也早已紧张得掌心满是汗水。

有道是：山重水复疑无路，柳暗花明又一村。进入隧道后竟又是一番别样的风景：宽敞而又明亮的道路，却依旧保持着它的神秘感！尽管身处海底，但隧道里却感觉不到一丝潮湿的气息。这时，不知是谁打开了车窗，一阵风吹进来。我深深地吸了口气，依稀可以闻见海水独有的腥咸味！我这才想起自己正置身在海洋之底，四周被各种鱼类和白海豚包围着，仿佛梦幻一般。

大海何时变得如此"温顺"？人类竟然已经战胜了海洋？不！不！是人类百折不挠、持之以恒的精神战胜了海洋！他们用坚忍不拔的意志、迎难而上的信念将海底隧道修建得"滴水不漏",成功打造出一段"金汤城池"。

离开海底隧道,再见蓝天白云。一瞬间,我寻到了信心和力量。叼起一粒石子,迎着太阳的方向,朝着一望无际的大海飞去。

★沈石溪点评★

衔石填海的精卫会不会也有沮丧懈怠的时候?小作者克服了"脸谱化"高大全的描写,真实再现了精卫鸟在遇到挫折时的心理活动,这是小作者另辟蹊径的起笔;为了重塑精卫鸟的信心,小作者精心设计了一场奇妙的"动物观光之旅", 引入了更多的角色、对话,以动物视角再现了跨海大桥工程之奇观,体现了小作者良好的角色驾驭能力。该文奇思妙想,行文灵动,想象奇特,童趣盎然,令人耳目一新。

精卫计划

杨瀚初　初中二年级　北京市

2038年，白AA，12岁。地点：学校

"《精卫填海》一文中体现了人们勇于改造自然，锲而不舍的精神，但'填海'这个事情在多方面都是不成立的，不过这是一篇神话，大家不必追究其中的科学原理……"

"不，总有那么一天的！"白AA从凳子上跳起来喊道。

他的举动让同学们议论起来。

"就你？唉，现在的孩子怎么全都异想天开……"

"你不也是学生？"白AA激动地反驳道。

"有梦想好，但是梦想需要有价值！"

"那你说何为有'价值'的梦想？！"

"符合实际的梦想就是有'价值'的！再劝告你一句，将来梦想要是没有成真可不要哭鼻子哦！"

这个同学的一番话引来了底下的一圈笑声。

白AA被如此耻笑，眼泪又不争气地流了下来。

"看看看，又来了，哈哈哈！"同学们喊道。

"白AA，下课到我办公室一趟，我要和你谈谈梦想。"老师向白AA说。

白AA把头埋在了自己的胳膊底下，默默地，抽泣着坐在一片欢笑声中。

2050年，纽约，联合国总部

联合国总部门口依旧悬挂着各个国家各色的国旗，联合国的旗帜，长久以来也一直没有变过。唯一改变的，是每次来参加会议的各类人。

"根据世界人口状况，现在的人口密度在急速增长，为了减缓拥堵，我们做出了两种计划，一是'太空城'，二是'填海'。以目前人类的技术来看，我们技术尚未达到使用飞船到55万光年外的仙女星座云与银河系之间的黑暗宇宙，所以尚未能使用反物质制成反物质发动机来支持并维持太空城。主要是我们现在就算利用曲率驱动进入了光速，那等飞船回来也要几百万年，时空跃进与恒星蛙跳的技术非常不成熟，我们利用高维仪迅捷超光速通信的技术也不够成熟。这些技术也只是科学家们提出来的，我们现在当然不具备这种技术……"联合国秘书长赛丽说道。

"总之，'填海'计划，启动！我们将以中国东海、太平洋沿岸、圣地亚哥港口等区域进行第一批的填海实验……中国东海填海计划，总负责人——'白AA'！现在有请负责人讲话……"

在一片掌声中，白AA器宇轩昂地走上台前，望着台下的人们，问道："大家听过精卫填海这个故事吗？"

在场大部分人都点了点头。在这个时代，中国文化已经普及全世界。

白AA想了想2038年在学校的事情，笃定地说：

"因为我们要填的是东海，所以，我称这个计划为'精卫计划'。"

2078年，东海，"精卫计划"第28年

烈日依然炙烤着大地，白AA在眼前的空气中拨弄了一下，便出来了一个"精卫工程"的模拟3D模型。距他不远的地方，用全息屏障保护的工程大门外挤满了记者和工程的质疑者。白AA按了按耳朵下方，"用新型纳米级材料试试，就算是海底，没有玻璃也是会得幽闭恐惧症的！"

"精卫计划"，就是建一个如摩天大楼的建筑，只不过它"摩"的不是"天"，而是"海底"。从地面一直到海底，据每个中学生都会背的液体压强公式来算，越深处压强越大，即对材料的要求更高。每层都有窗口（当然不只是玻璃制成）来供对外观察，加上深海鱼类问题，让玻璃的种类选择变得更加苛刻。深海的水压发电机与造氧机维持着整栋大楼的生态平衡。多少年来，无数工作者呕心沥血，研究技术。转眼，夕阳占据了天空。52岁了，白AA站在夕阳前，夕阳的光芒将他镀成了一座金色铜像。他的身躯，在此刻，显得无比伟岸。年过半百的他看着手里的图纸，叹了口气。

白AA站在东海边，向海中扔去一根树枝，不禁念起"口衔山石细，心望海波平"……

2086年，东海建筑基地，精卫工程第36年

精卫工程的问题几乎全部解决了。超声波排水系统，压缩纳米级高强度防弹材料。白AA拨出模拟器，该装置能模拟外墙在海底超高水压下的支持状况。模拟数据表明，该材料水下的分子状态与地面上毫无差别。白AA看着模拟投影，嘴角洋溢起一丝笑容。

2093年，东海精卫工程海底大楼楼顶平台，精卫工程完工后3天

白AA站在楼顶上，天空湛蓝，万里无云。白AA头顶上出现了一只形似乌鸦且鸣叫声似"精卫"的鸟类。若查看过《山海经》，会知道其名为"精卫"。它盘旋着，鸣叫着。白AA看着精卫，笑了笑，看向远方的天际线。

精卫工程为"填海"计划中首例完成的建筑物，建筑的经验与消息，很快传遍全国。

白AA拾起一根树枝，"'口衔山石细，心望海波平'……看吧，精卫，今天，海波真正地'平'了……"

白AA突然想起55年前的片段，想起了学校，笑了笑，向远处走去。

55年前，2038年，白AA，12岁。学校，教师办公室

老师将白AA叫到了办公室。

"AA，看你，对精卫填海这个事情感兴趣？"

白AA抹了抹眼角的眼泪，点了点头。

"你能不能帮老师实现一个人生已经无法达成的目标？"

白AA显得很诧异，看向老师。

"这个目标，我称它为'精卫计划'。"

★沈石溪点评★

小作者将笔触伸向了未来，脑洞大开，想象灵逸，令人眼前一亮。科幻小说是近年来比较热门的文学门类，一般我们评价一篇科幻小说是否优秀，有三大要素：逻辑自洽、科学元素、人文思考。杨瀚初小朋友的这篇科幻故事，虽然情节比较简单，但我认为基本

兼具了以上三条，完成度很高。通篇之中，小作者并未苦口婆心说精神、讲道理，却以主人公白AA矢志不渝的追求，内化并升华了"精卫填海"这一精神内涵。小作者的叙述不疾不徐，情节转圜也自如流畅，其中涉及的科学知识虽不一定完全准确，但小小年纪对题干已有这样的读解和构思，未来确实可期。

我与精卫填海

余笑非 小学五年级 武汉市

日常生活

"见过笨的，没见过你这么笨的！"妈妈跟定时闹钟一样又咆哮了起来，面目狰狞。

以前听到这些，我会心烦，会委屈，但是现在所有的一切只化作耳边的一阵嗡鸣。

我是一名小学五年级的学生，每天有做不完的作业，对于为什么要做这些，我不知道。大人们说的考上好初中，就能上好大学，考上好大学就能找到好工作，找到好工作就能更好地为祖国做贡献。大人的话就好像动画片里面的海绵宝宝吐了一串泡泡。

算了，睡觉了。睡着了，什么都不知道了。

美丽的梦

"能帮帮我们吗？"我被一个焦急的声音吵醒，模模糊糊中，我看到一只花脑袋、白嘴壳、红色爪子的鸟儿拍着翅膀，亮闪闪的眼中透着期待。

"我是精卫，我今天为建设港珠澳大桥的任务没有完成，你能加入我们的队伍，一起衔小石子丢入大海里吗？"

我还没从惊吓中回过神来，又被另一个大惊吓砸晕！我，居然，长翅膀了。我变成了一只鸟！

好吧，没有写不完的作业，还能去我喜欢的大海，我答应了！

我衔着小石头加入了投石行动，阵阵海风让我通体舒泰，一望无际的大海让我心旷神怡……

很快，我们就飞到了一座美丽的大桥上，这座桥好长啊，就像是一条巨龙架在大海之中。我不由自主地低飞了些，想去更近地看看它。

正好，一群参观的人在议论纷纷，我飞得更慢了些，想听听他们在说些什么……

"妈妈，通过港珠澳大桥，我们真的可以很快就能去香港迪斯尼了吗？"一个小女孩远眺着香港，眼中闪着期待。哈哈，也是跟我一样爱玩。不过这座大桥建设起来了，确实好方便呢！

"儿子终于做到了，当初为了建设桥梁，攻克难关，多少天的刻苦钻研没有白费啊！看着这么壮观的大桥，我们都为它骄傲啊！"一对爷爷奶奶手挽手地抚摸着大桥的栏杆，满面笑容地赞叹道。海风吹起老人的银发，好像吹得每一条皱纹都在微笑。如果没有羽毛遮住，也许他们可以看到一只羞红脸的"小鸟"，一只从来就没把刻苦学习知识当成一件重要事情的"小鸟"。

"中国人真是了不起！"外国观光团由衷赞叹着。我心中也充满了自豪，一种身为中国人的自豪！

"同学们，你们知道吗，这座大桥创造了许多个世界之最！它是世界上工程量最大、技术难度最高的人工岛；大桥主体采用了世界上最长、埋深最深、滴水不漏的沉管隧道；桥体使用寿命最长……同学们，你们现在的积累，拥有牢固的基础知识，为的就是以后为祖国的建设做贡献啊！"一群与我一般大的小学生正好在大桥上过队日，我这"只"少先队"鸟"也跟着带队老师听着讲解。听着老师的讲解，我内心充满骄傲，同时，我也暗自下了决心。

与大家伙一起完成任务后，我带着疲惫而快乐的身体来到精卫身边，告诉它，我今天特别开心。它也告诉我，它会继续坚持填海，一直到完成建设港珠澳大桥的填海任务！

以前听过精卫填海的故事，总觉得它傻傻的，现在看着它小小的、坚毅的身体，一种崇敬之情涌上心头。少年强则中国强，作为新时期的少先队员，我一定要努力学好科学文化知识，为祖国的美好明天打好基础！

"变身"的我

"哥哥，要迟到了！"定时闹钟妹妹的声音响起，我"拍拍翅膀"睁开眼睛。不对，我还是我，那精卫呢？精卫也是我！

★沈石溪点评★

被妈妈教育好好学习报效祖国，"我"不以为意，直到做了一个梦，在梦中我化身为了一只精卫鸟，因为新鲜有趣，也投身到了"填海"这一行动中。故事到这里，"我"都还当这些是尝鲜的"游戏"，直到亲眼看见了跨海大桥的雄伟、海内外观光客的盛赞之词，我才意识到了"精卫填海"精神的真正不凡与伟大之处，认识得到了提升、心灵得到了净化。本文情节完整，故事流畅，如能在平铺直叙之余，增加艺术空间和故事张力则更佳。

小E的伶仃洋游记

邹秋积　小学六年级　北京市

　　天慢慢地黑了，我又在冰冷的海水中泡了两小时了。我是一节隧道沉管 E30，大家都管我叫小 E，我有 32 个兄弟，在过去五年里，他们都陆陆续续被安放到伶仃洋海底，而我是最后一节，也是最关键的一节。我所在的这个大工程叫港珠澳大桥，是世界上最长的跨海大桥，是"桥梁界的珠穆朗玛峰"。

　　两艘万吨驳船把我提在海面上，像两个人一前一后地抬箱子。要把身长 100 米，体重 8 万吨、英俊潇洒的我"抬稳了"可真是件高难度的事。为了等待阻碍我前往工作岗位的暗流转向，大家必须熬夜，随时待命。我望着海上的雾夜，看不到星星的夜晚真无聊啊。

　　"咚"的一声，一粒小石子正打在我的身上，我抬眼一看，一个熟悉的身影降落下来，嘴里还嘟囔着："雾太大，扔歪了……"哦，原来是老朋友精卫鸟啊！他是东海精卫家族嫡系第 625 代传鸟，由于气候原因，迁徙到珠江口岸，但依然坚持从岸边衔来石子扔到伶仃洋里完成填海的家族使命。

　　"哎呀，小 E 啊，你怎么从预制工厂溜到这里来了？"

　　我告诉他说："我哪里是溜出来的啊，我可是被 13 艘运输船'请'来的呢。为了完成一个……重要的任务。"

　　"啥？"精卫一下子起了兴致。

"当然是把粤港澳连接起来的大任务。"我自豪地说。

精卫急了，忙说："这不是我们精卫家族一百代的目标吗？听我爷爷说，只要传宗接代下去，很多很多年以后，这片伶仃洋就会成为中国的新板块'伶仃省'了，你知道我们的家训吗？那就是韩愈先生所说的'口衔山石细，心望海波平'。等到我们填平大海的那天，我们精卫家族从此就能当一群快乐的小鸟了。"

我清了清嗓子说："其实不需要那么长的时间，只要一两年，你就能看到港珠澳大桥把三地连接起来了。也就不需要你们一百代的'蜗速接力跑'了……"

"小E，你怎么能这样！你竟然藐视我们精卫家族的光荣事业……"

"兄弟，要是这次沉放成功了，那我就要到海下去工作，最少120年。到时候你就可以从隧道飞下来与我聊天啦。精卫兄，你不用再劳神费力了，好好过好你们的日子吧！"

精卫听了我的话如释重负，展开双翅，呼啸着冲向云端，留下我玉树般继续临着海风……

忽然，一群人扛着摄影设备登上了驳船，而一手创造我们33兄弟的林爸爸亲自出来相迎。林爸爸，本名林鸣，是这次项目的总工程师，承担了这项港珠澳大桥最难的技术攻关——在海底40米深处，建设长达6.7公里的隧道工程。那群访客原来是央视记者，来见证马上要来到的重要时刻。林爸爸对他们讲述了当年为了让我们每节沉管有一副能抵御海水侵蚀的铮铮铁骨，亲自去全国各大钢铁厂寻找满足严苛要求的材料，但是并没有先例，太钢集团经过自主研究，终于生产出世界上最好的沉管不锈钢。"是啊，我们就是这么独一无二，这么傲娇。"

过了不知道多久，驳船猛地停住，再一看，这不是林爸爸所说的我将来的工作岗位吗？驳船上灯火通明，上上下下全都是穿橘色工作服的身影。林爸爸站在高处对记者们说："这次的沉放要求非常精确，偏差要在5厘米之内才能成功。"

机器轰鸣，水波粼粼，我在一寸寸下沉。在水面上的最后一瞥，我看见在离我最近的地方，有七八个工程师和林爸爸在忙碌。他们拿着对讲机，来回查看数据，奔走的背影突然让我想起了精卫"口衔山石细，心望海波平"的家训，而今天只有在林爸爸们这样的科学家、工程师的手中它才能成为现实。

"小E你终于来了？"快到海底的时候E28、E29……哥哥们高兴地跟我打招呼，在一阵海沙的翻腾中，林爸爸指挥团队把我安装到位，分毫不差。我终于上岗啦！

转眼一年半过去了，这天，E01那里忽然开进一辆熟悉的越野车，车内正是久违的，林爸爸那张慈祥的脸。后面还跟着一条车队，每个人脸上都洋溢着欣慰的笑容。车上拉着大大的横幅，写着：热烈庆祝港珠澳大桥通车！

★沈石溪点评★

小作者以隧道沉管E30即将下沉入海安装的历史性一刻写起，以它的视角再现了港珠澳大桥建设的高科技含量和所需的精确作业，侧面赞颂了国家的繁荣富强和建设者们的伟大不凡，视角独特、取材新颖，字里行间也洋溢着童真童趣，叙述自然晓畅，不失为一篇佳作。

精卫异传

张妤萱　初中二年级　武汉市

有云：世有道，仙道，妖道，魔道，人道。仙道修悟，妖道修为，魔道修心，人道修情。

——题记

一

精卫一身红裙，珍贵的缂丝光滑柔软，及腰白发晃荡荡地披在身后，赤足坐在狰狞的礁石上。有点儿寂寞，有点儿满足。

白泽静静地站在她身后，疏离的嗓音很淡，却无端有些讽刺。

"看见了吗？这就是你用千年修为换来的物品。岁岁，平安。"

精卫回头看向他，嫣然一笑，语气真挚殷勤："谢谢。毕竟这笔划算的买卖不是谁都能做的。"

白泽噎了一下，口吻生硬："别以为拿了奥斯卡，你那点儿演技就能在我这上眼。"

"白泽，几十年了，你还是那么口是心非。"精卫一双杏眼潋滟，低低地笑出声。

"世人皆道我仍旧在填海，却不知填海还是太累了啊……还是造桥方便。我独自的一千年，换一千个家庭，倒也划算。"少女语气轻快，仿佛没有感觉到从脚底开始的虚无，"其实开始我也不舍得的……但我觉得人既然活在世上，就得做些什么。无所为的浑浑噩噩，和死人又有何区别？"

白泽眸色深沉："时间到了。"

"我知道。"

"白泽……你知道吗？当坚持做一件事情的时候，生活才有了意义。"

"比如说——献意，奉献之意。"

二

精卫前半段的故事，可谓是脍炙人口。

神农姜氏领袖炎帝最小的女儿，一日泛舟溺海而亡，其魂化为精卫，安安分分投了几千年石子树枝入海。

可偏偏几千年后——人类新的现代文明开始高速运转。在异界一直不声不响的精卫化了人形，找上了在人界负责司妖司的瑞兽白泽。

白泽恍惚记得遇见精卫的那天。

那时他正在擦拭梅花冰瓷，如白雪细腻的瓷瓶点缀血红渲染，清高傲洁而又明艳动人。侧身，冰肌玉骨的少女站在门外，微抬下颌，一双玲珑杏眼剔透清明，白发垂腰，红裙风情。

水殿风来暗香满。

以至于后来精卫化名姜献意，在娱乐圈一片混沌中杀出，直取影后宝座，白泽也不意外。但当时她站在白泽面前，一字一句，稳稳当当地说要与天道做一笔交易。

"千年修行，换南海百年风平浪静。"

"你疯了！"白泽被玉波茶呛着，亘古不惊的银瞳中掀起滔天巨浪。

"白泽，我从头到尾都明明白白。"她似是无所察觉，字句间坚定不移，"此海不平，良心难安。"

"你若阻挠，我只能说一句，人各有志罢了。"

白泽紧盯着面前之人，手慢慢握紧。精卫不置可否，挑眉一笑，只是微冷。

三

天道同意了，只不过要求精卫注销人类身份，将精卫在人界的痕迹彻底抹去。

精卫不吵不闹地旁听完了这场宣判，清风霁月般笑得眉眼弯弯，反而心情很好地沏起了茶，纤长手指捧起汝窑青花釉，和雪花茶沫相映成趣。

高深莫测。

待到白泽在一家破破烂烂的孤儿院找到精卫时，已经是五天以后了。

但白泽只觉得一阵气血翻涌。

精卫围着一条暖橙色的围巾，穿着米黄色的针织连衣裙沉稳而恬静，正蹲在一名安静过头的男童面前，笑语晏晏地喂他吃橘子。即使男童眼神迷茫、麻木而空洞，她仍然怀着足够的耐心和温柔。

听见脚步声，她也没有回头，只是安静地将橘子一瓣瓣放在他右手掌心，笑着揉揉男童的头，将一件物品塞到他左手，又温言细语地嘱咐了几句。

似乎是一座木制小桥。

白泽眸光一闪，精卫却信步到他面前，语气镇定："白泽大人，我想和你好好谈谈。"

白泽皱眉："你的修为……"

"白泽司主，我想和你谈谈。"精卫唇齿之间满是不容置疑。

白泽沉默，点点头。

"那个男孩，是孤儿院中唯一一个自闭症儿童，名唤沉。"

四年前，沉的父母在威尼斯一座桥上相遇。

两年前，沉的父母在过桥时不慎坠河，只有沉侥幸活下来。但沉从此自我封闭，后来彻底孤立。

"沉名字的本意，是'院落深沉杏花雨'，却无端成为'身世浮沉雨打萍'。"精卫垂眸苦笑，"所以……"

"自闭症儿童缺少的是关爱和心理疏导，恰好是我的长处。自闭症儿童不止沉一个，虽然这种病很难治，但，我想试试。"精卫语气舒缓，凝聚力却极强。

"白泽大人，麻烦再做一笔交易。"她直视着白泽冷到骨子里的银瞳，一字一顿。

"以吾生魂，滞世两岁。"

"岁过，任君处置。"

四

精卫玉足虚踏，轻飘飘地向天水相接之处而去。看起来很轻松，但是精卫自己知道，每一步都如踏刀尖，身后是万丈深渊。

这便是灵魂剥夺之痛。

但两年来，自己已经没有遗憾了。只有一事，自己还未做。

初阳冉冉升起，光芒万丈。精卫从头到脚开始破碎，她微笑着转向白泽，朱唇轻启：

"谢谢。"

白泽惊愕抬头，却发现茫茫海上空无一物，那个似红梅般明媚的，用笑容面对一切的少女，已经化为虚无。

——永远不见。

两天后，白泽翻墙进了孤儿院的义工宿舍，直奔精卫以前的房间。

房间很小，但被主人布置得极为雅致。墙上似是被人泼墨画上几株墨竹，墙间用白瓷盛着几枝绿萼梅，含苞待放。白泽坐在窗台上，最后的目光，落在青书案上一封用簪花小楷写着"白泽亲启"的信。

白泽轻轻展开信纸。

白泽兄:

　　见信如晤。

　　君见此书时,吾当以上陪天道矣。或当吾之行有所不足,故持书予君。

　　吾本是神农炎帝之女,坠海亡为精卫。一人在发鸠千年,日日填海而犹痴,尝有弃妖身而散之意。得一白狐,偶助,然其为报吾在左右。虽不能言,只觉充实有趣。惜在吾前亡乎。吾哀久,偶动去人界之心,故往司妖司相汝矣。

　　吾于邂逅间知之世有症曰自闭,思之,与吾前相似。盖欲以白狐之法以治其故。先南海之事,是吾也,故自以为解;尔后自闭之事,是吾求之,以我今一夫之"精卫",身无长物,子然一身,惟生魂尔,为天市之筹。

　　与君,多劳费心,深感厚谊。不擅于典,惟认君为兄,报君之恩。小妹精卫呈上,愿兄可记挂尝有精卫。

　　尝谓兄曰:人各有志,非否,但云兄修妖道,吾修人道耳。有云:世有道,仙道,妖道,魔道,人道。仙道修悟,妖道修为,魔道修心,人道修情。

　　不赘。祝安。

小妹精卫

"我修妖道吗……人道,也许可以一试。"
白泽苦涩一笑。

尾 声

白泽一身月白长衫,手捧书简《周易》,面前茶壶中煮着敬亭绿雪,竟是衬得眉眼越发温和,将锋芒完完全全地隐藏起来。

"哥哥。"

沉，现在叫作白沉，站在他身边，脆生生地唤道。

白泽顺手递给他一个削好的苹果："什么事？"

"上面那个人是谁呀？"白沉指着墙上一幅画像。杏眼灼若芙蕖，红裙瑰姿艳逸，正是精卫。

白泽愣了一瞬，轻道：

"这个姐姐，名唤精卫。"

——精卫是谁呢？

——精卫啊，是一个很好、很善良的姐姐，也是一个很傻的姐姐。

——为什么说她很傻呢？

——因为这个姐姐为了素不相识的人献出了自己的生命。

恰好茶煮好了，白泽倒了两杯茶，给白沉讲起了精卫的故事。

"在上古时期，三皇五帝……"

庭院杏花深沉，几丛茉莉清浓。

这，又是一个故事的开端了。

★**沈石溪点评**★

精卫鸟幻化成了仙侠少女，为人间平安和自闭孩童献出了千年的修为和生命，这是属于一个少女的奇思妙想，也是一个少女的萌芽情愫。文章缱绻清丽，可见小作者敏感多思的内心；辞藻唯美精致，可见小作者对文字有较好的天赋。花开几枝，旁逸一枝，若本文将精卫少女为南海太平而献出生命这一条情节展开充分、描写完整，可能更切合本题。

千年 追梦

张鸣远　小学五年级　太原市

我是一粒小石子，诞生于炎帝时期。

我的家乡在乱石滩，那儿石头很多，我仅仅是其中渺小的一员。我在那里度过了很久的日子。

一天，我正对着波光漾漾的河水发呆，忽然听到一阵阵鸟儿的鸣叫。这鸣叫声清脆有力，隐含着一股哀怨。"看啊，精卫来啦！"石子们议论起来。

精卫是炎帝神农氏的小女儿，一日在东海游玩，却不幸落水而亡。她的灵魂死后变成了一只大鸟，日日衔石于口中，投入大海，立志填平这广阔大海……

精卫飞过来了。她冲向了我，我惊恐地一闭眼。再睁开时已在万丈高空。这时，我注意到，精卫头上有一撮淡黄色的毛。

我虽不愿意投身海底，但却敬佩精卫的执着。我用眼神向她投去了敬意的一瞥。没想到在这时，精卫也在看着我。这一刹那间，她笑了，笑得那么纯洁，那么执着，又那么坚定……

耳边一阵凄厉的风啸后，我睁眼看去，猛然发现自己已飘临东海上方。我大惑不解：精卫为何不将我立刻投身大海？正当我困惑的时候，精卫又看了我一眼。这时，精卫头顶那撮羽毛好似闪了一下，随即，她又看起来稍稍变深了。霎时间，我的心好似被什么猛击了一下：在我的故乡，流传着这样的传说，精卫，每投一块石子，她头顶的羽毛就会变得更深一些……

"砰！"一声巨响，我沉入大海。我想：精卫的意念很坚定，我期待看到大海被填平的那一天。虽然，这只是梦，是幻，也是美好的愿望……

几千年过去了，我一直在思考：精卫肯定知道她的努力徒劳无益，大海不可能被填平，可她为什么还要日复一日、年复一年地衔来石子，投入大海呢？这，究竟是为什么呢？

几千年的风雨侵蚀，几千年前精卫那双秀眼不时闪现在我面前。是她，给了我坚定的信念。我坚信：奇迹，一定会发生！

终于，在过去两千多年后，我顿悟了：精卫，她并不在乎她填不填得完大海，因为，在她衔起一粒粒石子的时候，她心中的大海已经被慢慢填平了。当她心中的海变成坚实的陆地时，她再望大海，便已是一片平地。这才是她填海的原因与目的。

正当我兴奋不已时，身体却猛地浮上了水面。我惊奇地发现：在我的面前，有几个戴着安全帽的人。他们中的一个人说道："在这些石头中，我们要挑选以此为标准的石头，将这座大桥的路面填平！"他给旁边的人们递了一张写着字的纸。原来，他们正在建一座"港珠澳大桥"，这是连接香港、珠海、澳门三个大城市的一座跨海大桥，它将使三地的交通变为坦途。

大家看了标准，拿出尺子，仔细测量每一块石头，观察它们的身形，互相交流着什么。突然，一个人激动地喊："你们看这颗小石粒，符合这些标准吧！"其他人纷纷围拢来，也用尺子量我，观看我的体形。

所有人都认为我是"可造之石"。过了很久，我与其他被选出的石粒一起，在一些小缝里安了家。又等了几年，从石缝间隙极其微弱的小缝里，我看到了川流不息的汽车、欢呼雀跃的人群……我的心中，油然而生一种自豪感！

接下来的日子里，我知道了在过去的几年中，港珠澳大桥建设者的艰难和努力：他们每天都在研究、敲定方案，去现场审查，抱着和精卫衔石一样海必填的信念。他们呕心沥血用了96个月，没有哪一天是虚度的，没有哪一天有过放弃的念头。唯一不同的是，精卫填的海，只好在心中填平了；而这些建造者的桥，却在2018年元旦前夜，全部完工……

精卫，你在哪里？你的坚持，终归有了后继……

望着川流不息的车队、神采奕奕的人们脸上洋溢着骄傲、自信的笑容，作为一颗伟大工程里坚实的奠基石，我真想大声欢呼：归来兮，精卫，东海已填平；奔跑兮，追梦的人们，梦想，终究是会实现的！

正在这时，在我又抬头的一刹那，我看见，一只头顶羽毛艳红的鸟儿飞过，她，看了我一眼……

此刻，我仿佛穿越了千年的时空长河……

精卫，你终究，还是将心中之海填平了……

★沈石溪点评★

"精卫，她并不在乎她填不填得完大海，因为，在她衔起一粒粒石子的时候，她心中的大海已经被慢慢填平了。"小作者的这句走心解读给本文增添了光彩，小作者的敏慧也可见一斑。本文以石头为第一人称叙述，客观上更好地让读者代入了角色，跟随角色走进精卫鸟的内心，情感的聚焦力较强，完成度较好。

口衔山石细，心望海波平

陈师正　初中二年级　重庆市

　　远处，伶仃洋上，一条巨龙蜿蜒环绕，延伸向远方。这就是被誉为新世界七大奇迹之一的港珠澳大桥。"口衔山石细，心望海波平。"中国人一代代传承的爱国情怀，交织着坚韧不拔、永不放弃的精神，创造出这史诗一般的辉煌。

　　古有精卫填海，今有中华造桥。这条巨龙的诞生，历经五年规划、九年建设，无数的设计师、工程师、施工人员日复一日，年复一年，用一张张图纸、一根根钢筋、一桶桶水泥，在大海中立起一根根桥墩，拉起一根根钢缆，架起一道道桥梁，他们付出的努力，如同这伶仃洋上的海潮一般，一波接一波，永不停歇。每个人的心中都有家，谁不想待在温暖的港湾呢？可是，自从有了建造大桥的梦想，他们就走上了一条"不归路"，一年三百六十五天，三年、五年、十年、十五年，都坚守在自己的工作岗位上，创造出了一项项新的技术，解决了一个又一个不可能完成的难题。港珠澳大桥诞生那天，伴随着港珠澳三地交通畅达而来的，是七项世界之最以及无数项最新技术。

　　海上，风大，浪大，波涛汹涌，每一次海上施工，都面临着危险。不管多苦多累，他们坚持着，奋斗着，为了这个伟大的家国梦想。"口衔山石细，心望海波平"，他们就是当代的精卫，他们的壮举告诉我们——只要朝着目标坚持不断地努力，就一定能成功。

家国，不只存在于港珠澳大桥建设者的心中，它存在于世界各地每个中国人的心中，存在于当代青少年的心中。"口衔山石细，心望海波平"，每个有志向有梦想的青少年，都应该用精卫填海、攻坚造桥的故事勉励自己，用生命书写家国情怀。

一个个灯下苦读的身影，虽然弱小，却能看出巨人立在他们身后，那就是未来。少年强则国强，少年就是家国的希望。不管现在学习有多苦，竞争有多激烈，我们应明白，每个少年肩上都背负着一个国家的梦想与希望，每一次挑灯夜读，每一次奋笔疾书，也许就离梦想更近一点。只有青少年越来越强，不断自我超越，才能接过前人的交接棒，继续书写中华民族的辉煌。

远远地，伶仃洋的那条巨龙身上，一个弱小的身影在奔跑。他气喘吁吁，大汗淋漓，但从未停止过脚步。朝着太阳的方向，他的身上闪耀着万丈光芒，身影逐渐长大。他的前面，是那只精卫鸟，尽管已经过去数千年，它始终没有放弃填海的梦想。他也没有停下，一直追随着那只鸟，奔向远方，留下一串串中华的足迹，跨过大桥，走向世界，谱写出"口衔山石细，心望海波平"的历史篇章！

★沈石溪点评★

小作者胸中有丘壑，笔下存山河。文如其名，文章端正大气，风姿勃发，运用了比较高的写作技巧。比如，首尾相衔，以"远处，伶仃洋上，一条巨龙蜿蜒环绕"展开叙事，以文末"伶仃洋的那条巨龙身上，一个弱小的身影在奔跑"来呼应主旨，升华主题，内涵深刻，气韵十足。美中不足的是，从港珠澳大桥的建设者着墨到富有"精卫填海"精神的青少年，过渡不太巧妙，文章第四、五自然段如能有更多铺排描写，则整体文脉更佳。

用梦破开黑暗

单彦潮　初中一年级　北京市

我是一棵树，一棵倒霉至极的树。

我早已忘记费了多大力气才破土而出，但我知道的是，迎接我的这个"新世界"不是灿烂温暖的阳光，却是无边无际的黑暗。我已经在这石缝中待了六个月了。

渐渐地，我触到了上面那块千斤似的石头。石头上长满了湿湿的苔藓，让我感觉很不舒服。我心里清楚，这块石头是穿不破的，绕过它也几乎是天方夜谭。可若我想离开这小石缝，又偏偏要必须挤过这块大石头。

我的内心逐渐被升腾起的恐惧攫住了。如果要撑开石头，那我的枝条会断的吧……就算我做到了，那继续往上生长不也是不可能吗？

一阵"淅淅沥沥"的声音传来。下雨了。我的根部感到了一丝清凉，浑身上下也重新打起了精神来。反过来想，不试试怎么就知道呢？我竟然在绝望的边缘刹住了车。这点点雨水就好比希望，润湿了我的身躯，也渗透了我的内心。

我努力吸取着土地里的养分。当力量充满了全身时，我奋力一顶。

一片寂静。那石头纹丝不动，仿佛什么都没有发生一样。

我不甘心，再次积蓄能量，又猛地顶了一下。我依然没有成功。

"放弃吧，这是没用的，你是永远不可能战胜大自然的。谁叫你长在这么个地方呢？"脑海里的一个声音浮现出来。我动摇了。"不！你不能放弃！"又一个声音出现了，"我相信，你总会有一天会成功的！孩子，你不是经常梦见明媚的阳光吗……"是啊，这可是我的梦想，这可是我的信念啊！难道，我不想沐浴在阳光下，不想离开这鬼地方吗？难道，我已经放弃了我的梦想了吗？

我的心结彻底被打开了。一次两次不行，但还有第三次、第四次……

"爸爸，快看！这个石缝里有一棵树苗！"我被一声稚嫩的童声唤醒了。我不知道我在什么地方，也不知道发生了什么，我唯一知道的，就是我累极了。清醒了一点儿，我忽然感觉到了一些不一样的东西。我不敢相信自己。可是，我的的确确可以感受到一种温暖的、明亮的空气正把我包围着。

"是啊！宝贝，你们学校不是刚讲完一个叫'精卫填海'的故事吗？""对啊爸爸，那这和小树苗又有什么关系啊？""其实呀，这两件事从根本上是一样的。精卫的故事你应该知道吧，讲的就是精卫这只小鸟衔着石子要将大海填满的故事。你想想，这是多么不切实际和困难呀！那你再看这小树苗，能从重重包围的大石块中冲出来，不也是靠它一次又一次的努力完成的吗？"

我彻底明白了。我努力地回忆着我到底顶了多少次才从石头旁绕过，五十次？一百次？……

"哦，我听懂了。这两个故事都是教导我们要坚持不懈，朝着目标不断努力。""哈哈，你真聪明啊……"

听了这对父子的对话，我的心里也暖暖的。虽然很疲惫，也很困难，但，毕竟我最终做到了。向上望去，我看到了我梦中描摹过无数次的太阳；向下再看，我看到了满地翠绿的小草陪伴着我；甚至，我还成了大人口中的"榜样"……这一切，都是多么美好啊！

回头想来，如果当时我放弃了，现在还能看到这种奇观吗？所以说，我们都要心怀坚韧不拔的精神，并且为梦想奋发努力地拼搏，才能取得成功，才能有资格品味成功的喜悦。或许，在另一个世界，精卫也能将整个大海填满吧。我想，不过就是像我破开黑暗一样嘛。

★沈石溪点评★

在此类命题作文下，很多作者会着墨于"精卫填海"精神于人类的教化与启迪，但本文的小作者反其道而行之，将视角转移到了"精卫们"的努力拼搏及其内心活动，客观呈现了"精卫们"实现自我梦想后的喜悦和满足，令人耳目一新。但遗憾的是本文结构较为复杂，开篇先以第一人称拟人态描写了一个克服困难破土而出的小树苗的故事，虽然展现了作者丰沛的想象力和盎然的童心，但试想，如果开篇就以"精卫"写起，整个故事将会更聚焦更有力。

口衔山石细，心望海波平

居歆恬　小学五年级　南京市

阳光依旧炽热而叛逆。今天注定比昨天更艰难。

我是一只海鸟，填海的精卫是我的曾曾曾……祖母。打我记事以来，妈妈就给我讲精卫填海的故事，一遍又一遍地激励我要努力完成祖先的使命。

这是东南海域一个无名的小岛。与其说是个小岛，不如说是个礁石。可别小看这处礁石，我每天都飞越广阔的海峡，掠过碧蓝的浅湾，在大陆的岸边衔起一块碎石，展翅升空，冲向蓝天，翱翔盘旋，开始长途跋涉。渐渐地，当远处出现了这墨色的礁石，我便用尽最后的力气，俯冲向下，精确地把这颗石子丢向礁石边缘的浅水里。是的，我居住的这块岛礁，就是我世世代代的祖先用一颗一颗石子填出来的。

别的鸟儿经常嘲笑我，说我在做一件不可能办成的事，一切都是徒劳。暴风雨也不时把这些劳动成果冲走，让我前功尽弃。每当这时，我的心也好像沉入了海底，陷入了绝望的边缘。突然，一阵"轰隆隆"的声音，使我心中一震，接着一道光映入了我的眼帘。

那是一根根又粗又重的钢管，仿佛定海神针被重重地打入了海底。然后，大包大包的土石被倾注入钢管。我简直不敢相信自己的眼睛。填海，真的是在填海。

勤奋的人们用了不到一年的时间就完成了建造两个人工岛的奇

迹。我常常在天空俯视这小岛，它们圆圆的脑袋，修长的身躯，仿佛两只可爱的小蝌蚪在找妈妈。

接着，人们开始了更加艰苦的工程——跨海大桥。暴风雨一次次来临，凛冽的寒风抱起翡翠般的海水，狠狠地向桥身砸去，但丝毫没有阻挡人们建设的决心。一条蜿蜒的巨龙，从人工岛出发，穿过碧蓝的海湾，向远处延伸着……

我不再孤独，感觉温暖而骄傲，盼望着大桥开通的那一刻。我想给自己放个假，飞去香港，也学学人类填海的技术吧！

★沈石溪点评★

小作者以精卫鸟的视角描写了现代填海工程的进程，表现了精卫鸟对当代富有精卫精神的人们的膜拜之情，肯定了跨海大桥为人间奇迹，从侧面赞颂了建设者们的伟大与不凡。因为一代又一代"精卫们"的努力，"我不再孤独，感觉温暖而骄傲"，审题恰切，遗憾在于写作角度失之于普通，不够独特。

小小的我，大大的海

祝时语 小学五年级 北京市

我闭紧双眼，展开双翅，纵身一跃，轻盈地在海面划过一道曲线，耳边有美妙的风声抚过。

这已经是今天的第一百三十次往返，衔着小小石子的喙已经有些麻木，我提醒自己保持清醒，只要还有一丝丝力气，坚持下去，总会比昨天填得更多一些，再多一些。身边飞过的鸟儿们又开始嘲笑我的执着："一只鸟儿怎么可能用石头填满大海，精卫啊，看看你这小小的个头，再看看这无边无尽的大海，快别做梦了。"

我微笑，看着它们栖息在温暖的海滩，却并不羡慕。希望是珍贵的，虽然这只是我个人的小心愿，但只要能看到希望，我依然会拼尽全力。很快，又找到一块小小的山石，望向蓝色的大海，我又要挥翅出发了。

"你发什么呆呢？上课啦。"图书馆里同学的提醒把我拉出了想象。这是个古老的神话故事，却让此时读书的我仿佛身临其境，"口衔山石细，心望海波平"，仅仅是韩愈的这两句诗，已经让身在图书馆的我，想象出小精卫执着又美丽的身影，如同是自己划过苍茫的大海，心潮澎湃。合起书本，我想到了很多。

虽然只是个小学生，但我也感受到了很多事情得之不易，需要超出平常的努力，而成功，往往是在那种"再努力一下"的时刻。曾经，我像很多小朋友一样，室外活动太少，对于体育竞技充满了抵触情绪。但是，爸爸看出了我的心思，一直用各种方法引导我，教育我，不管烈日炎炎还是秋风瑟瑟，坚持带我去室外长跑，陪我练习跳绳，从基础体力开始，到更多的比赛技巧，每当我跑不动时，或是懒得出门时，都会看到爸爸那期盼的眼神，像是在说："再坚持一下，再多练习一天，好吗？"终于，在上个学期末，我不但各项体育成绩优秀达标，还和同学们一起，赢得了运动会中的100米接力比赛。在冲向终点线时，我的体力已经达到了极限，但我想到了爸爸的眼神，并没有放慢脚步，而是用力一搏，冲了过去。那一搏让我成功了，更让我体会到了体育活动中突破自己的快乐，还有那沉甸甸的父爱。

相对于大海，一只精卫鸟很小很小；相对于浩瀚的知识世界，懵懂的我还很小很小；相对于未来与宇宙，人类又何尝不是很小很小？所以，什么是小，什么是大，并不是绝对的，向着希望的方向一直前行，面对困难时咬牙挺住，一点点小小的进步也有意义。"让沙漠变得美丽的，是不知道什么地方藏着一口井。"希望会点燃未来，当所有人的力量汇聚到了一起，会改变的就更多。

在我的成长过程中，爸爸妈妈经常带我去祖国各地游览，每到一处，都会告诉我这城市这些年的新变化。今年，我也在网上看到了港珠澳大桥的宏伟身姿，惊叹不已，在心中默默许下心愿，一定要亲眼见证。我想，当每一个项目，每一座城市刚建立时，每一位工人、设计师，也都是如精卫一般的心情吧，但只要所有人一起努力，高楼大厦，山川河流，都必将以全新面貌展现在所有人面前。今年春节时，我们一家去了泰山，登顶的那一刻，"会当凌绝顶，一览众山小"，祖国的大好河山让我惊叹造物之神奇，而更神奇的，是把这一切建设得越来越美的人民，是在城市乡村纯朴而勤劳的每一个你我他。

★沈石溪点评★

　　小作者由精卫联想到自己，由精卫填海之不懈精神想到了自己在平凡生活中的努力，指出了"什么是小，什么是大，并不是绝对的，向着希望的方向一直前行，面对困难时咬牙挺住，一点点小小的进步也有意义"，结合其题名"小小的我，大大的海"，有一定的辩证思维和哲学思考，值得肯定。集腋成裘、聚沙成塔，就是因为每一个人的小小努力，才造就祖国大好河山，结尾升华了主题。

当精卫遇到霍金

唐铭泽　小学四年级　重庆市

　　天蒙蒙亮，精卫已经飞在东海上空，指挥着浩浩荡荡的大军开始填海了。他们排成一行行，准确地衔起一粒石头，又整齐地飞向大海的上空，像一队队训练有素的战斗机！飞到指定位置，只听精卫一声令下，石头像一阵阵的小雨落下，投向大海，可惜连一片水花都没有激起，就被浩瀚的大海吞没了！

　　忽然，大海中传来"啊"的一声！精卫低头一看，原来是个偏着头，坐在轮椅上的小老头，被石头给砸到了。

　　"对不起，"精卫说道，"我们正在填海，不是有意砸到你的。"

　　坐在轮椅上的老头一动不动，有一个声音从轮椅的喇叭发出："没关系，我知道你是大名鼎鼎的精卫吧！我是霍金，很佩服你的不折不挠，坚持不懈！"

　　"很高兴认识你，"精卫说，"可是你说话的方式好奇怪呀。"

　　"我二十一岁就患上了肌肉萎缩症，慢慢地全身就不能动弹了，说话只能通过套在我头上的设备，识别我的脑电波发出。"

　　精卫难过地感叹："你真是太可怜，命运对你太不公平了！"

　　"哈哈，"霍金笑道，"不用同情我，我很好，命运控制了我的行动，但它无法控制我自由地思考，或许命运之神也怕我破解更多的宇宙奥秘，为人类做更多贡献吧！"

　　精卫佩服地说道："霍金先生，我真羡慕你的乐观，我们都是被命运捉弄的人，我真是太狭隘了。"说着不由得低下了头。

"你永远要相信，上帝关上了这扇门，自然也会为你打开另一扇窗户。就像伟大的音乐家贝多芬，虽然失去了听力，但依然可以创作出旷世杰作。再想想海伦·凯勒虽然失明了，但仍然写出了《假如给我三天光明》的世界名著。好好想想吧，年轻人。希望你能做得更好！再见，我要继续我的时空旅行了！"说完，霍金消失得无影无踪。

收工了，夜深人静，精卫回想起白天和霍金先生的对话，很是惭愧。"我这些年确实被仇恨蒙住了双眼，迷失了自己的方向啊！我应该出去看看，重新思考人生的目标了。"

第二天，天还没亮，精卫没有再去号召大家填海，而是独自一个飞向了远方。

她看见人们在大海中建造了一个个的人工岛屿，建设了港珠澳大桥。她惊叹："这才是征服大海啊，这才是我努力的方向啊！"

她振翅飞回了家，开始苦心钻研建筑学。她每天都很刻苦读书，不懂的就向老师请教。最后她的努力没有白费，她成了一名优秀的建筑专家。精卫想：现在我能做点什么对人类有贡献的事呢？对了！我可以在大海中建造灯塔让人们避开暗礁和危险的海域。于是，她又号召了她的大军，衔来建筑的材料修建出了许多座灯塔，帮助人们的船只看清方向，避免许多的航海事故的发生。

看着船只在大海中安全地航行，她很高兴，也很自豪。她做到了，她终于冲破了命运的阻挠，不屈不挠，坚持不懈，做出了有意义、有价值的事情，实现了自己人生的价值！这才是对命运最好的挑战啊！她又骄傲地飞行在东海上空！

★沈石溪点评★

我认为一篇好作品需要具备两个要素：人性的逻辑和情感的力量。后世常以"精卫填海"喻指不畏艰难、永不放弃的精神，但这一典故的本义却是不幸丧生的炎帝之女化身精卫鸟的复仇故事。小作者从精卫填海的这一层本义出发，引发了对"命运"的深度思考。在其天马行空的想象里，古代中国的精卫与外国科学家霍金发生了碰撞，并借人物之口表达了小作者的见地：对不幸命运的最好报复，不是毁灭（填海），而是征服（建设），回到了人物深层内心，提升了本文的立意，既符合人性的逻辑，又具备情感的力量，顺理成章，可圈可点。

给精卫鸟的一封信

黄知一　小学四年级　上海市

精卫鸟：

　　你好！我最近听说了你的故事，既为你感到悲伤，又为你一直到今天还在不停歇地衔石填海的坚强精神所感染，不由得拿起了笔，跟你说说我的心里话。

　　我得知炎帝的女儿女娃掉进东海不幸死了，她的灵魂化作了一只小鸟，每天叫着"精卫、精卫"，所以人们给她取名叫精卫鸟。她每天都无数次地从西山衔石子投向东海，发奋要把大海填平，让人们不会再掉进海里。我不禁想到了"愚公移山"这个故事。愚公每天出门都要面对两座大山，为了让大家不用翻山越岭，他每天都和自己的家人一起叩石垦壤，日日不停。他们的决心感动了天帝，终于帮助愚公搬走了大山。愚公和你一样，有着坚强不屈的精神。

　　我知道如果让海变平只有一种可能，那就是地球妈妈再经历亿万年的造山运动，地壳运动之后，东海再度隆起而成为陆地乃至高山，同时又有其他的陆地下沉变为海洋，这将会发生在很久很久以后。而我又看到了你的誓言，你说哪怕衔石子一千万年、一万万年，直到世界末日，你也要将东海填平。你不仅是这样说的，更是这样努力地做着。这几千年下来，你一定向东海投入了数不清的石头，这让我想起了著名的生物学家秉志的一句名言："为学不可不勤，立志不可不坚；学勤则所得固，志坚则行不移。"你的身上体现了"志坚则行不移"的精神，我也要像你一样，立下坚定的志向。

告诉你一个好消息，在你不断衔石子填海这几千年以来，中国已经发生了巨大的变化。今天我们伟大的祖国已经是世界第二大经济体了，正迈步走向一个富强、民主、文明、和谐的现代化强国。而港珠澳大桥的建设，正是无数炎黄子孙们"口衔山石细"，一点一滴持久工作，不断坚持，不断累积得来的成果。我观看电影《厉害了，我的国》时，开篇内容正是港珠澳大桥连接海底沉管隧道的震撼画面，让我久久难忘。这条沉管隧道的每一节都有四层楼高，一百八十米长，重量竟然相当于一艘航空母舰，而最后一节沉管经过两次对接，经过四十个小时的连续施工，创造了一个超级大型工程的世界纪录——接口的偏离仅为几毫米。

一千年前，南宋名臣文天祥留下了"人生自古谁无死，留取丹心照汗青"的千古绝唱；两百年前，英国人用坚船利炮在这里发动了鸦片战争，轰开了中国的大门。而今天，作为国家战略的粤港澳大湾区正凭借着港珠澳大桥的顺利通车，向全世界伸出了热情的臂膀，欢迎着来自世界各地的人们共同参与、见证古老伟大中国的全面复兴。我知道，在东海，在黄海，在祖国的每一寸土地上，都有着无数劳动者在拼搏，在奋斗——为建设我们伟大的祖国。

这其中，必定会有我一份！

最后，我相信你一定能实现"心望海波平"的愿望，希望你能够健康、快乐，坚持你的梦想！

你的朋友：黄知一

2019年1月14日

★沈石溪点评★

这是一篇直抒胸臆的小文、一封情真意切的信件。小作者开门见山地表达了对精卫鸟的感佩之情，带出祖国近年来的山河巨变，以宽慰精卫拳拳之心，并实现自我激励成长，写法平实，语言素朴，但于"家常"中见"伟大"，于"平凡"中见"真章"，笔法真切，值得肯定。

口衔山石细，心望海波平

梁曦元　小学五年级　广州市

　　多年以后，回想起来，我将会知道精卫这只神鸟在华夏飞越了千年时光。

　　睁开眼睛，许多小石头就在身旁。听到了大海呼啸的声音，自己的身体是凉冰冰的、硬邦邦的。

　　这时，一只漂亮的鸟儿向我飞来，一身蓝色的羽毛闪闪发光，仿佛它带有自己的使命。一颗一颗又一颗，它似乎要把所有的石子都扔到海里，听着海浪不停地卷起，又落下，神鸟却没有停下来。慢慢地，我又睡了过去……

　　海浪拍打了数百年，一天，我突然觉得有东西压着我，睁开眼睛，原来是一个长袖飘飘的人。他凝视着我，眼神迷离，长叹一声。

　　"想当年我科举连考三次都没入选，第四次终于登进士了，可我想做官，曾三次给宰相上书，均未得到回复。"

　　"我的命运为何如此坎坷啊？"

　　"鸟有偿冤者……"他低吟道。

　　"鸟有偿冤者？"我回想起那只神鸟。

　　"鸟有偿冤者，终年抱寸诚。"

　　"终年抱寸诚。"不自觉地我也跟着吟诵起来。

　　"……口衔山石细，心望海波平。"

　　"何惭刺客传，不著报雠名。"

"不著报雠名。"

"元和五年，退之见石有怀，作此篇。"

真是一首好诗呀……眼皮越来越沉，我又睡去了。

再睁开眼睛时，身边已高楼林立。一群人在旁边讨论着要建一座跨海大桥，起名为"港珠澳大桥"。

我看着大桥一天天地建起，一次次地遇见困难，一遍遍地重新尝试，心想："如此艰巨的任务，又怎会成功呢？千年前的精卫都徒劳无功，更何况这些凡人！"

有一次，我看到一个工人正在打电话，电话的另一头是工人的女儿，"爸爸，您什么时候回家呀？我好想您啊！""爸爸有很重要的任务要做，过几天爸爸就回家，宝贝乖。""可是，今天是我的生日，您真的不能请一天假吗？""不行啊，爸爸这边的工作很重要不可以离岗，等忙完了回去陪你玩，给你买大蛋糕好不好？"……

"终年抱寸诚"，对于整座大桥来说，一个工人的力量是微不足道的，可当每一个工作人员都夜以继日，为大桥的早日落成奋斗不息呢？"口衔山石细，心望海波平"，工作人员们心平气和地沉管，脚踏实地做好每一个步骤，一个，二个，三个……他们下定决心无论遇到什么困难，就算上刀山，下火海，也要把"港珠澳大桥"建好。最终人们的愿望梦想成真了，令我如此惊讶！

几千年来，我这块大石一直矗立在海边，聆听着海的呼啸，倾听着浪的翻滚。我目睹了精卫填海、听见韩愈吟诗、见证了"港珠澳大桥"的建设。因此我被人们选为立在"港珠澳大桥"旁边的石碑。

我被运到了加工厂，经过反复地切割，打磨，抛光，雕刻，我被制作成一块有意义的石碑。

我将日夜坚守在"港珠澳大桥"旁的大海边，陪伴它，感受它歌声的优美。"不积跬步，无以至千里；不积小流，无以成江海。"这句诗深深地刻在了我的心上……

★沈石溪点评★

一块石头见证了沧海桑田，千年巨变，不变的是持之以恒的精神和追求辉煌的勇气。小作者以石头为视角，千年时光凝结为一个个瞬间，以蒙太奇手法再现了三个经典片段：衔石填海的鸟儿、苦苦求索的诗人、奋斗一线的建筑工人，见证了"精卫精神"在历史长河里的流转与传承，小作者在谋篇布局上有他的巧思，值得肯定。

斗海

蔡泽睿　小学五年级　南昌市

嗟乎兮！填海之难，难于上青天！

极东之地，发鸠之山，有一赤鸟，日日口衔细石，投之东海，心望波平。然海波嚎怒，如雷鸣千丈，砅崖转石，触则碎如散银，不可近也。填海之鸟，名精卫，炎帝之女，一日溺毙于东海之中，遂立志平海，经年累月，从无间歇。呜呼，此鸟可畏！其为平海心如铁石不可撼。虽海不可平，然其精魂存万年兮。

精卫本为炎帝之女，炎帝为华夏先祖，曾尝百草、战蚩尤，造福祉于后人，实乃人中豪杰。精卫已死，炎帝已逝，然海波仍未平。今珠海近粤，富甲一方；港澳双地，通连东西；然一湾碧海横亘粤港澳间，致三地竟似天堑隔绝，人财流转艰涩困顿，苦兮！以桥连通三地，已迫在眉睫，为众望所归。

虽有蓝图在手，起一桥，又何止万难！百余里长桥，需横跨伶仃洋，然伶仃洋海路拥塞，日有千船通行，难以令桥全悬于海上，需掘一隧道，令桥穿海而过，不阻海路。我筑桥巧匠，须放万根沉管于海底，焉能无差？放眼水下，千数白豚，竞游潜底，亦不可伤。炎黄子孙，愈难愈上，总设计师孟工团队，漏夜不眠，踏遍伶仃，苦思终得破题之道。能工巧匠苦战三九三伏，穷尽涸海之力，终用己制沉管下于海底，竟无一丝偏差，桥乃成。

桥既成，得名"港珠澳大桥"。身似腾起玉龙三百万，塔似鼓动白帆始起航；白豚出水游嬉，映趣桥底；填海二岛，犹如海中金珠，熠熠生辉；涛浪远至三十里，如鲲鹏击水。西人惊极，呼之为自耶和华创世以来第一桥。吾叹桥之可观，吾敬人之神思！

拨转百年前之西邦荷兰，荷人向海索地，日复一日起大堤直至今日，变万顷怒海为良田。荷人填海六百春秋，而吾邦建此桥已逾卅年。荷人斗海，北海可填；精卫斗海，东海可平；炎黄子孙斗海，天堑变通途，则无事不能成！

吾辈虽幼，但志存高远。若如精卫、如孟工、如荷人，不动不摇，心有斗海之志，积跬步终将至千里，则可成事，则中华之兴可待矣！"俱往矣，数风流人物，还看今朝。"谁为风流人物？——吾辈！

★沈石溪点评★

"斗海"这一题名颇妙，全篇准确展现了族人奋斗不息的智慧和精神。小作者胸有城府、笔法高妙，起承转合圆熟自如，由古至今，由中及西，由精卫到港珠澳大桥，由炎黄子孙到西邦荷兰，浩浩汤汤、洋洋洒洒，展示了小作者不可多得的才气和禀赋，令人激赏。

一支铅笔的前世今生

管悦辰　小学五年级　北京市

　　我是一支细细的铅笔，偎贴在设计师的口袋中，年过半百的他在港珠澳大桥的设计项目中奔波思索，我见证了他一路的披星戴月，陪他参与同事伙伴的多轮讨论，伴着他绘制一次次设计稿，听他们讲那些故事，看他们辛勤工作，也了解他们的期盼与压力。

　　曾记得设计中那些难关，让他难以入睡：三地跨海大桥高度会轻松超过100米，而大桥附近临近香港、澳门、珠海机场，飞机的起落高度要求不得超过70米；如果采取海底隧道模式，造价高，且需考虑大型游轮与船只的通过，海底隧道要深埋于海底20米；同时，还需要考虑对白海豚的生活环境不能造成太大影响。最终形成桥、岛、隧的设计方案。

　　曾记得他去韩国釜山巨加跨海大桥考察，希望去附近查看沉管装备，被拒绝，仅开船在300米左右的海面上用卡片机拍了几张照片时的失落；曾记得他在与荷兰的谈判中，对方开价15亿元咨询费，而最终谈判环节中希望以3亿元咨询费解决主要框架与风险问题时被拒绝的窘迫；而他不得不带领技术团队，开始自主研发。

　　曾记得在海底隧道的第一节沉管安装中，历经三次尝试，工程人员96个小时的连续鏖战，他也96个小时没有合眼；曾记得第15节沉管安装中碰到恶劣海况，以及海底回淤，两次安装失败，多少人流下泪水；曾记得在最后一节沉管的安装终于完成了时，满船人欢呼，庆祝世界最大的沉管隧道合龙，而由于偏差16厘米，他要求重新来过，挺着风险，再次挑战，42小时后，偏差降至不足2.5毫米后，他满心欢喜的样子。

曾记得有几位工程系教授带领团队，平均每个模型进行了500万次模拟试验，不断攻关。

曾记得有几对年轻人或在工地求婚或在工地上举办了婚礼。

时光荏苒，八年之间，我画出一幅幅工程图，一张张草稿，身子越来越短，如今躺在办公室一隅的笔筒中默默凝视整个大桥的建设过程，每到艰难时，我的主人不眠不休，嘴中似乎默默念到"口衔山石细，心望海波平"。好动人的诗句，为什么我也觉得它那么熟悉？

大桥终于建成了。

这是一座中国乃至世界最长的跨海大桥，长度达到55公里。

这是一座中国乃至世界最"深"的大桥，拥有海底隧道6.7公里，且深埋于海底20米。

这是一座中国建设史上施工难度最"大"的大桥，33节沉管隧道在海底要无缝连接。

这是一座中国历史上科技含量最"高"的大桥，在建造过程中完成了400多项专利。

这是英国《卫报》榜单上的"新世界七大奇观"之一。

成功就像美酒，能让我为他们兴奋与迷醉，那一夜我迷迷蒙蒙沉睡过去，恍然间梦到了遥远的过去：

那还是在上古时代，我只是一棵新长的小松苗，我看到炎帝的女儿女娃被大海所吞噬，不甘中化作一只花头、白嘴、红爪的精卫鸟，她日日夜夜衔树枝与石子向海中投掷，不休不止在发鸠山与大海间盘旋……她无视着大海的咆哮与嘲笑。我默默地凝视她，是同情是佩服还是感动？我也说不清。

恍然间，我又梦到过去的自己，那时我已是韩愈桌角的一方墨，静静躺在砚边，四十二岁的韩愈已年逾不惑，头发花白，他历经三次科举失败，三次博学宏词科考失败，在官场屡遭贬谪，却屡败屡战，写下《学诸进士作精卫衔石填海》，"口衔山石细，心望海波平……岂计休无日，惟应尽此生"的诗句。

对的，我眼中的那只勇敢的精卫鸟，写下《学诸进士作精卫衔石填海》的诗人，港珠澳大桥的设计师，都有在我的前世与今生中见证的"口衔山石细，心望海波平"的风骨与气魄。

注：铅笔原为一棵松树，见证了精卫鸟填海；后被制作为松烟墨，墨可由松烟制成，看到了韩愈写诗；后成为铅笔，铅笔芯是由石墨和黏土制成的，石墨成分也是碳元素，与炭成分一致，看到和听到了港珠澳大桥的建设过程。

★沈石溪点评★

以一支铅笔的前世今生来串联起精卫精神的历史与传承，是本文构思巧妙之处。文章视角独特，可以看出小作者的思辨能力；行文数据翔实，可以看出小作者的严谨作风，小小年纪，值得嘉许。但本文对铅笔的"今生"铺排过多，对"前世"的描写略显单薄，如若内容上能再匀称一些，质量会更佳。

生而飞翔

翟嘉琪　初中一年级　徐州市

（一）　每一个人，都拥有一个飞翔的梦想

飞翔，是人们亘古不变的愿望。

漫漫的远古，蓬断草枯，平沙无垠。一位智人在山洞里笨拙地击打着石块，不时有走兽疾奔而去，掠起风声悲鸣。日光愈曛，黑夜的侵袭使人不安而压抑。"啾啾——"倏忽，清脆的声音飞起——是鸟儿啊！智人愣怔着直起身，鸟儿的身姿在余晖的笼罩下愈加灵动。手握石块，他心底萌生出一份最原始、最真挚的向往。

那是对飞翔的向往。

悠悠的北魏，八街九陌，车马骈阗。莫高窟中，座上僧人缓缓起身，伫立在石壁前，久久凝视面前的"飞天"——身材修长，眉目舒朗，宝冠熠熠，衣裙飘曳，襟带飞舞，天花散落，飘飘然如仙亦如佛……老僧痴了，泪光莹莹，颤着手抚向飞天飘扬的裙襟。

这是艺术的飞扬。

欣欣的现代，高歌猛进，革故鼎新。孩子们仰起的脸庞，大眼睛晶晶亮，注视着荧幕上缓缓闭合的太空舱……还忆否，"神舟一号"首次飞上太空时我们的泪光；犹记得，"嫦娥四号"登陆月球背面时我们的雀跃……

中国，飞起来了！

（二） 飞翔的背后

纵观历史，由封建到开放，由失散到团聚，由科技落后到领先全球……这其中，少不了文人雅客，少不了革命烈士，更少不了我们的"大国工匠"！

钳工胡双钱的双手，打磨了无数大大小小的零件。工作三十余年来，他创造出零件打磨百分百合格的惊世纪录。

焊工张东伟的双手，焊接了数以万计的殷瓦板。LNG船上长达13公里的手工焊缝，一个针眼大小的漏洞，都会造成难以预估的致命后果。他却圆满完成了这项难上加难的任务。

研磨师宁允展的双手，研磨了不计其数的高铁列车转向架。在这些转向架上装上了644列高速动车组，奔驰8.8亿公里，相当于绕地球22000圈。

技师顾秋亮的双手，组装了十几万个载人潜水器的零部件。他是全中国唯一能实现"丝级"精密度的工匠，更是他把中国的骄傲——"蛟龙"送入海底。

钳工管延安的双手，安装了数不胜数的港珠澳大桥操作仪器。零件接缝处规定小于1毫米，他，却能做到零缝隙！经他手的沉管设备，现已成功完成18次海底隧道对接。他以追求极致的态度，不厌其烦地重复检查、重复练习，快速准确地完成看似微不足道实则举足轻重的工作。遭遇险情，管延安率领队员马不停蹄地进行检修。几近封闭的狭小空间，又闷又湿，头发打了绺，他满不在乎；工作服紧贴着皮肤，和着黏糊糊的汗水，他不以为意；汗水流进了眼睛里辣丝丝的，非常难受，他甚至顾不得擦上一下，用力一眨就不再过问……即便如此，他的目光依旧如炬。昏暗的沉管隧道里，头顶的探照灯打出一根白亮的光柱，稳稳地投射在墨绿的阀碟上……从开始检修到密封通道，全程用时不到3小时，效率之高令人咋舌……

中国的腾飞，是"大国工匠"们用一双双手托举起来的啊！

（三） 雏鹰展翅，少年强国

"工匠精神"值得每一位中国少年用心学习。

"精卫精神"亦如此。

韩愈诗言："口衔山石细，心望海波平。"描摹了精卫填海的动人景象。

《山海经》谓："……有鸟焉。其状如乌，文首，白喙，赤足，名曰'精卫'……"生动形象，活灵活现地展现了一只花羽白喙的丹足精卫鸟形象。瘦弱的她虽力量微薄，骨子里却有股韧劲，志存高远，一心征服自然，精诚奋斗，实应效仿。

想起了前些日子见到的一位女孩。

寒假时出去玩，餐厅偶遇一些学生，三五成群，嬉笑打闹，看着叫人欢喜。忽然瞧见人群中一"另类"姑娘——众人推闹之间捧书读得专注。好奇问其缘故。道："我想，梦想的实现，靠玩远远不够。"愣怔间是羞惭万分，忙离了饭馆，回家反思。

女孩的话，令我久久不能释怀。

恰如精卫"口衔山石"：

也许，我们力量微小；

也许，我们年岁尚轻；

但只要心怀"工匠精神""精卫精神"，用鸿鹄之志去播种，以日积月累来灌溉，我们一样可以改变他人，厘革社会，甚至影响世界。

雀衔山石虽微细，心有海波势必平。

亘古通今，我们，生而飞翔。

★沈石溪点评★

　　小作者从题干中抓取出了"飞翔"这一命题，暗指少年腾飞、大国崛起，也算是另辟蹊径的解读。就从本文来说，以三段式叙述阐述了飞翔的渴望、飞翔的努力，再到少年当自强，结构完整、辞藻优美、文思飞扬、质量尚可。但其实，考场命题作文贵在细处着笔、小中见大，不在于贪大求全，做太大文章，在角度的选择上，如能从小切口切入，写深写透，或许有事半功倍之效果。

口衔山石细，心望海波平

滕亚轩　初中二年级　北京市

发鸠山有鸟，名曰精卫。辄以细喙衔石，志在平海，日日夜夜弗所止也。自古至今众感其志宏，赞其性坚，"精卫"遂成凌云壮志、奋发笃行之意矣。

若精卫尚存，可见中华伟业之壮乎？千代工者，万代匠人，呕心沥血，倾肝沥胆，绘华夏之长卷，绣天朝之壮锦。君应见，万里长城抗胡虏，蜿蜒巍峨保中原；君应见，京杭运河跨千里，疏通南北传千年；君应见，紫禁故宫集大成，雕梁画栋显匠魂；君应见，人民会堂显雄姿，红色精神播四海。以其微渺之力，筑华夏威武宏图，此乃精卫之志也。

若精卫尚存，可见青藏铁路之伟乎？茫茫高原，雪山兀立，其空气之稀，人烟之罕，天下之绝境莫过于此。修路其中，难于蜀道，艰甚天堑。然数万匠工前赴后继，不畏健体易摧，弗拒冻土难凿，饱经缺氧水肿之苦，遍历虑衡思阻之难，汇数代人宏志于一体，终成此大业。路成之日，其欢鸣礼炮，似精卫啼唳，称其志坚，颂其笃行，此乃精卫之志也。

若精卫尚存，可见港珠澳大桥之雄乎？其势宏比五岳，其固甚金汤，其技登峰造极，其形矫若游龙。初建此桥，求技于邦外，或嗤其工险，拒遗其术。其总工程师林鸣欲自制，同谋筑桥之工，亲视建桥之程。弗分昼夜之时，共沐日月之辉。鸣年逾六旬，发疏而尽白，面憔而体瘦，首装沉管，四日未眠。今桥既成，滔滔兮其浪，滚滚兮其洋，弗能动其分毫；车马穿行，往来无碍，畅其港珠澳，通其伶仃洋。激浪之响，有如精卫啁啾，歌其雄志，赞其匠心。此亦精卫之志也。

若精卫尚存，可见我泱泱华夏乎？可见我泱泱华夏之青年乎？可见我华夏青年之心存大志，笃行自强乎？无数学子矢志不渝，有如精卫之现世。余之志，乃传精卫之"口衔山石细，心望海波平"，以吾之才，强我中华！

★沈石溪点评★

胸中历历著千年，笔下源源赴百川。小作者古文功底颇深，文章结构工整、气势磅礴，颇具阳刚之美。三段铺排叙事谨严有序，以精卫之"性坚"，见中华伟业之"壮"、青藏铁路之"伟"、港珠澳大桥之"雄"，选材得当，笔力雄健。祖国山河之壮美，华夏族人之志业，胸有成竹，挥洒自如，令人激赏。作者小小年纪，有如此天地，未来可期。

一棵小苗的自我救赎

潘雨舟　初中二年级　北京市

　　我是一棵小苗，生长在狭窄的水泥缝隙当中。瘦小可怜是我的代名词。每每有风吹过，我几乎要贴向地面。我的身旁有一片园圃，各类花木在此苗壮地成长着，欣欣向荣地等待着园丁前来浇水施肥。

　　每天清晨，园圃里的花木总是抖擞着嫩绿劲挺的枝叶，闪烁着晶莹剔透的露水。太阳升起了，阳光洒下来，暖暖地照在花木上。叶片上的露水闪烁着七彩的光。这光一闪一闪的，连同阳光，照在我孱弱的身上。遥望着园圃里花木的英姿，再低头看看我细瘦的躯干……我也好想更接近阳光的温暖，更多地品尝雨露的清香，抑或我还可以开出美丽的花，来芬芳这个世界？我努力地向下扎根，接近水泥缝隙下那虽然坚硬但必然厚实的泥土；我努力地伸长枝叶，去吸取一丝一缕透过来的阳光。

　　我渐渐长大了，叶片泛着生机，只是枝干歪斜。沿路经过的人们，总会看向园圃。"你看那一株，翠绿翠绿的，都快开花了吧？""是啊，据说那花可香了。经常有人专门趁花开时前来赏玩呢。"每每听到这样的声音，我总是暗暗使劲，尽力把枝干挺得更直一些。然而，当人们转向我的时候，眼神往往像跨越障碍一般，自然地闪开了。偶尔有人看到了我，也只是撇撇嘴，那眼神似乎在说："这是什么？长在这儿做什么？怎么没被人除掉呢？"

长在这儿做什么？是啊？我为什么要长在这儿呢？是为了生长？还是为了告诉别人我也可以长大？园圃里苗木的将来，人们期待的话语，分明在提醒我——是的，我要开花，芬芳这个世界！开花，为什么不开呢？

我为我开花的梦想而努力着，向更深处扎根，珍惜每一滴雨露阳光。园圃里姹紫嫣红、蜂飞蝶舞了，我在生长；人们络绎不绝、啧啧称赞了，我在含苞。终于，一阵微妙的响动从我枝叶的顶端传来——我开花了。白色丝绒般的花瓣，鹅黄流苏般的花蕊，还有那沁人心脾的馨香……微风吹过，我随风摇曳，将芬芳洒入人间每一个角落。过路的人驻足欣赏："怎么这里还有这么一株花草呢？都不知道她能长大，今天居然开花了？"

是啊，谁说石缝间的小苗就不能开花？谁说微不足道的小苗就不能用芬芳来装点这个世界？就像那衔石填海的小小精卫鸟，谁能想到她也能为人间带来一方平整的大地呢？

谁说不是呢？努力地扎我自己的根，开独属于我自己的花，香透我所热爱的世界！

★沈石溪点评★

"努力地扎我自己的根，开独属于我自己的花，香透我所热爱的世界"，小作者的结语与她的题名"一棵小苗的自我救赎"一样，聚焦于对"自我"的坚守，也是对题干的一种阐释。什么是自我，自我亦称自我意识或自我概念，主要指个体对自己存在状态的认知，是个体对自我角色的评价。小小作者能有对"自我"这一哲学概念的触碰和感受，是敏锐而早慧的。对于小树苗的自我抗争过程，描写得也很细腻，情感也极动人，因为"热爱"，所以"努力"，一棵小树苗的勃勃生机流淌于笔端。

新时代

　　"新时代"不仅仅是一个宏大的历史方位，更促成了我们日新月异的生活变化，促成了无处不在的社会进步。从奥运，到世博，再到"一带一路"、港珠澳大桥，时代的旋律汹涌澎湃。

　　大时代的背后，是每一个平凡中国人的喜怒哀乐与点点滴滴。在你的身边，有什么样的事儿，什么样的人，让你感觉时代正在改变、社会正在发展、人们的生活观念也在悄然变迁？

　　你可以写写你身边的朴实的小事，让我们了解时代中你和你周围人们的生活是如何改变的，也可以发挥想象，畅想自己在新时代中将看到怎样的图景。

奥运塔边的"大战场"

王子今　小学四年级　北京市

"好雨知时节，当春乃发生"，我最爱春雨洗涤后的世界，在我资历尚浅的记忆空间里，春雨总伴着新鲜泥土的清新、新锐生命的迸发，新苗成长的喜悦……而此时此刻也不例外。

雨后天空如同水洗般晴朗又干净，我兴致盎然地登上奥森仰山，想要眺望高耸的奥运"钉子塔"，但真正吸引我的，却是巨人身旁的小不点儿，那是些忙碌的吊车，一旁还密密麻麻地"长"出许多深灰色的"小竹笋"。这一次，春雨要浇灌出摩天大楼来了。

原来，这里要建一大片高楼——亚投行总部大楼。奇怪的是，我以前看到的楼，都是钢筋水泥做的，眼前的巨大"竹笋"却不一样，是纯钢的，有钢梁、钢板、钢柱……就像一大片密密的钢铁丛林，好壮观啊！它是属于未来世界的东西吗？

在我姥姥小的时候，这里还叫"洼里"，还是一大片水塘，从德胜门出来满眼都是农田，野草长满了河岸。马车驮着稻草，慢悠悠走在乡间的路上，到了傍晚，她们要赶紧回城，因为这里一片漆黑，人迹罕至。到了妈妈小的时候，这里有了公路，路旁栽着白杨，在斑驳的树影中，她骑着自行车去上学，时不时还要躲开喷着黑烟的拖拉机。而现在的我，坐着私家车，出了四环路，身边是科技感十足的"鸟巢"和"水立方"，还有召开"一带一路"国际大会的国家会议中心……等到亚投行总部大楼建成，这里会变成亚洲的金融中心吧！在转瞬即逝的几十年中，在弹丸大小的区域里，日复一日，日新月异。

站在大力士——大吊车下，看它伸着长长的手臂，慢悠悠地抓起积木一样的大铁块，轻轻地放在预定的位置，又准确又认真。一个个好似乐高小人的工人们正完成他们的高空作业……这使我感到无比的美好，又有一点危险。

危险的是，工人身上只绑着一根细细的"安全绳"，爬一个又窄又晃的梯子……不过，后来我知道这根"安全绳"很安全。因为在工地对面，我看到了一处训练工人的大基地，里面有各种模拟设施，教给工人怎么安全操作，这是我读的科普书中也没有的知识。

我又一次回望，突然觉得吊车们就像一门门高大威武的火炮，忙忙碌碌的大工地就像是激烈的战场，但是，火炮和战场只会带给人类毁灭，而这个"战场"带来的却是崭新的新生活。

★西篱点评★

很多时候，文章并不是因为长而取胜，比如这篇《奥运塔边的"大战场"》，"战场"其实是展示"中国质量"和"工匠精神"的亚投行总部大楼建筑工地，因为是整体钢架结构，所以"就像一大片密密的钢铁丛林"。作者对于未来世界与"战场"的联想，特别符合青少年的思维特点。文章精短，叙事不疾不徐，语言流畅清新。

"年货"之战

王彤祯　小学五年级　西安市

　　我的奶奶和妈妈都是心直口快的人，又因为说话嗓门大，常常一争论起来就像是吵架。所以不了解情况的人总以为我们家时时会上演"婆媳大战"。其实，她们俩相互体贴，比亲母女还要好。瞧，年关将至，奶奶和妈妈又因为相互体贴而打响了一轮特殊的"战争"。

战之初：喋喋不休

　　"哎哟，哎哟。"一大早，奶奶就弯着腰，像一只忙碌的小蚂蚁一包一包地往家里搬东西，累得她腰酸背痛，大汗淋漓。妈妈见了，连忙上前制止道："都跟您说了多少次了，您现在身体不好，办年货这种事又费时又费力，您就别忙了。"奶奶听了，脸上虽然带着微笑，但也叹了一口气说："这些事我不忙，又能指望谁呢？办年货那么复杂，地道质量好的干货要去超市，新鲜的鸡鸭鱼肉要赶早去菜市场，味道好又便宜的水果要去批发市场……你们工作又忙，我只好多操心了。"妈妈一听，连忙拍起胸脯，说："我们年轻体力好，肯定没问题的，等我们下班跑一趟超市，保证一切搞定！"奶奶一听，把头摇得像拨浪鼓，连连说道："不行，不行！你不当家，哪里知道什么东西好，别多花了冤枉钱，还买到次品货，划不来的，划不来的！"她们俩本身就嗓门大，几个来回，嘹亮的声音回响在房间，不知道的人肯定以为她们在吵架呢。

战之中：互不相让

放学后，还没跨进家门，果不其然又听到了奶奶和妈妈在大声说着话。我飞快地打开门一看，只见妈妈虽然满头大汗，却像一个打胜仗的将军，骄傲地面对着地上的战利品，得意地对奶奶说："妈，您快来看看，我买的年货保证物美价廉。"而奶奶，则一脸无奈地对着地上的东西东看看西瞧瞧，脸上如同被乌云覆盖了一般，越来越沉。终于，她忍不住大声说了起来："你看，这个花生虽然便宜，但是日期接近保质期了。这包木耳虽然包装精美，但是里面都是些碎末。还有这草莓只有上面几个大一点儿，小的都在下面呢……你呀，还是不会挑东西呀。"顿时，妈妈像泄了气的皮球。但她也不肯认输："没事，您把买年货注意事项都跟我说下，我明天再去超市，保证完成任务，您就在家好好休息吧。"奶奶也不甘示弱："不行，我还没老到不能动呢，还是我亲自去吧。""我去！""我去！"她们俩互不相让地吵着。我轻轻地笑了一声，赶紧回到书房。

战之末：皆大欢喜

吃晚饭的时候，妈妈突然捧着手机大笑起来，得意扬扬地对奶奶说："我想到办法了，这次我们都不用再费心费神了，一切都交给它吧。"奶奶一脸疑惑："手机能办什么事呢？"妈妈脸上的笑容更加得意了："我对比过了，盒马的生鲜最好，京东干货活动力度大，淘宝天猫各种粮油都有活动，而且很多大型超市也有送货上门的服务……保证能让我们都满意。"奶奶将信将疑："真有这么好吗？""那可不，大信息时代呀！"妈妈眉飞色舞。

就这样，妈妈只用手机轻轻一点就搞定了所有的年货，而且一算下来，竟然比往年都经济实惠。接下来几天，年货就陆陆续续收到了。一开始奶奶不以为然，网上的东西哪里有去超市、批发市场精挑细选的划算呀。可是渐渐地，她也不得不服气了，因为妈妈买的东西确实物美价廉。"还是你有办法。现在我们的国家真是越来越好呀，科技越来越发达，我们也能摆脱传统的方式，能好好享受这幸福美满的生活了。"奶奶眉开眼笑地说。

看着奶奶和妈妈脸上的笑容，我也不禁感慨：是呀，新时代带来了科技日新月异的发展，为我们的生活提供无限便利。我想我们的小家也一定会在新时代变得越来越和谐。

★西篱点评★

好孩子，盒马鲜生感激你，京东、淘宝、天猫也感激你。当然，我作为读者也感激你。你用机智的文笔写出妈妈和奶奶的婆媳关系，固然有喋喋不休，有互不相让，结果却是皆大欢喜，给人温馨的回味。家庭琐事，由小见大，你的文风轻快幽默，你写出了社会进步的日新月异。

搬迁

冯沛禾　小学六年级　广州市

1

阿婆说，一个人若是离开了生自己养自己的土地，那么那个人就是失去了自己的根。

她说这话的时候正坐在乡下那幢小土房的院子门前，手里的扇子慢慢晃着。前几天刚刚下过雨，院前的小径上泥泞不堪。

一声叹息。

那是村子搬迁的前夕。我知道，她是不舍。

2

阿婆住在山里的一个小村庄里。

这个小村庄坐落在山窝里，与外界的唯一连接就是一条蜿蜒陡峭的公路。这条公路可能都快一年多没车经过了。小村庄这一带气候湿润多雨，一下雨路就被覆盖上了一层厚厚的泥泞，车一走轮胎怕是要陷进去。然而就在五六天前，从很久之前就基本上没有外人来访的村子竟然来人了。

那一天阿婆拄着拐杖颤颤巍巍地来到了村子上的一小片空地，

村里的人实在少，又都是老人居多，却都三三两两地出来了，约莫都猜到一点要发生什么重要的事。

果然，阿婆听说了。什么国家有了扶贫政策，要助县里的贫困村精准脱贫。这些她不太懂。她唯一听懂的只有一点：她这个村要搬迁。"搬迁"这个词她也不太明白，不过她很清楚地听明白了，自己这个村要搬走。

3

当天阿婆就去了村主任那边。她的来意很简单：她拒绝搬迁。

"这怎么行啊，土地是一个人的根哪，离开了我怎么可能活得下去……"

村主任一脸堆笑跟她讲着搬迁的好处。什么搬走了就能彻底脱离贫困走出大山，让全村人都过上好日子。她安静地听着，望着窗外。雨停了，树叶尖尖因为露水的重量而耷拉下，空气澄澈干净。窗户影影绰绰映着她满是沟渠的平静脸庞。最后她听村主任讲完，一言不发地走了，临行之前手里被硬塞了一张平滑的纸。

走出村主任那，她将那张纸展开，然后忽然愣住了。

纸上是一张图，上面显然是一个村庄的样貌。一幢幢崭新的独栋砖房连成一排，房前屋后都有一小块空地，虽然不大却平整。一条石板铺的路穿过一栋栋房子之间的空隙通往村口，那里标着一个什么什么路。小小的字她看不清，但她知道那一定是一条繁忙的路，有着川流不息的车辆，可以使整个村子和外界的沟通方便数十倍。

她站在自己矮小的土房前，这一次她真的呆住了，久久地杵在原地，刹那间思绪万千。

4

第二天阿婆家来了一位访客，是村主任，身后还跟着一个青年。青年的穿着板正得体，一看就知道是从县里来的。

她沉默地将他们领进门。自己的房子小而昏暗，这几年还有些漏雨。

是那位青年先发话了："阿姨，我知道您舍不得这片土地。我们也明白，不过搬到了新村去你们就可以彻底'脱贫'了。您也看了我们新村的图片吧……"

阿婆依旧一言不发。过了许久，她才开口道："我明白了，你们容我考虑一下。"

5

阿婆说的是真的。

她活这么大岁数还从未动过一丝想要离开的念头呢。她的父母，她的父母的父母，她的祖先们都世世代代地生活在这片土地上。这片土地和她之间早就产生了一条无形的关系链，如同胎儿和母亲相连的脐带一样，想要分开，难。

但是在青年和村主任的劝说下她动摇了。是的，她不能假装看不见这个村子的现状：年轻人早都出去工作了，没有人愿意留在这个地方，于是如今村子里只剩十户不到的人家。

她明显地感觉到自己正一点一点地老去。山窝里天气潮湿，很久以前就得了的风湿最近几年愈加严重了，一下雨骨头就会抱怨似的痛起来。村子里的商店只有一家小小的，东西千篇一律，有的时候一些生活用品还会缺货。

她想起了青年对她说的，其实她也听懂了。青年有一番话令她印象格外深刻："中国已经进入了新时代，新时代里人人都可以过上幸福富足的日子，没有人需要继续在山村里劳苦了。这不，咱们这不已经申奥成功了吗？中国富起来你们也应该去享福喽……"

新时代。她想，富起来……享福……

那一刻她是真的动摇了。自己在这个山旮旯里辛辛苦苦地劳作了一辈子，她不能不承认自己劳作很苦很累，她当然也知道常年住在阴冷潮湿的地方对老年人的骨头有什么危害……她当然想享福，只不过这可是要以离开故土为代价的。

那几天她一直睡不着，心乱乱的。

或许改变的时候真的到了呢。望着再次开进村的从县里来的汽车，她这样想。那个什么新时代，好像……好像我们也不能落后。

★葛竞点评★

整篇文章具有非常强烈的个人写作风格，在小作者这个年龄是非常难能可贵的。文笔流畅，行文舒展自如，自然洒脱，文字语言细腻朴实，站在阿婆的视角，借阿婆的双眼来看世界。每一处景色和每一个动作都细致入微，具有强烈的画面感，字里行间透露出了阿婆对不同的时代流露出的真情实感，读起来津津有味。小作者的选材立意也与众不同，结尾处引人深思。

二伯的幸福邀约

朱宸仪　小学五年级　广州市

　　"豆豆，'五一'的时候，一定和爸爸妈妈再回来哈，奶奶和二伯给你准备最美味的泥鳅，还有你最喜欢的草莓！"

　　"好的，好的，我们一定会回来的！奶奶和二伯伯多给我准备点草莓哈！"放下电话，我咂巴着嘴，连口水都流出来了。

　　爸爸的老家在湖南农村，兄弟三人，原来二伯一直在外面打工，但四年前，在打工"小有积蓄"之后，二伯终于结束了在外面的打工生涯，在老家开起了一家农家乐，而且还买了一辆车，做起了区域旅游。这几年，二伯家的餐饮和旅游生意，越来越红火，而且还请了几个人帮着做。爸爸说，因为二伯经营有方，还被评为县级的致富能手！

　　而实际上，在我的印象中，爸爸故乡、二伯家乡的改变，也就是这几年的事。

　　记得五年之前，爸爸妈妈带我回奶奶家在二伯家过春节的时候，因为湖南乡下的冬天是比较冷的，解决取暖问题就是围着一大盆炭火，红通通的炭火虽然让我感到很温暖，但炭火一烤，我脸上的湿疹就会冒出来，而一不烤火，又会受凉感冒。所以，小时候每次跟爸爸妈妈的湖南春节之行，对我来说都是一次折腾。还有洗澡，也是个大问题，虽然奶奶会在我洗澡的时候烧一盆旺旺的炭火在旁边，不让我感到寒冷，但洗澡水的热气和炭火"化学作用"产生的蒸汽，让我至今记忆犹新。

不知什么时候起，二伯家里不仅楼上楼下都装了空调，而且也像城里家庭一样，还有了装电热水器的淋浴间。所以，现在对我来说，每年渴盼的事情之一，就是暑假和寒假，能够让爸爸妈妈带我回二伯家住上几天。那里不仅有各种好吃的美食，比如说河虾小鱼黄鳝泥鳅之类，还有各种美味的我连名字都叫不上来的蔬菜。当然，乡间的空气，也是甜美的……

而且变化的，不仅仅是这些美好的现象，很多生活观念，也都在发生变化。小时候回二伯家过春节，各种"湖南腊味"，腊肉、腊鸡、腊鱼……一定是年夜饭的"主角"，但这几年回二伯家过春节，年夜饭上的腊味明显少了，而各种新鲜的菜肴，甚至海鲜，都成为饭桌上的"硬菜"。"以前乡下生活水平不高，吃得少，又没有条件存放，所以冬天家家户户都会做很多腊味等着过年吃，现在很多东西随时可以买，而且很多家里都有了冰箱，所以很多菜都是新鲜的啦，新鲜菜健康哈！"今年春节，当我实在忍不住又跟二伯"探讨"起小时候印象中的湖南腊味时，二伯笑呵呵地跟我说。

"沧海桑田""翻天覆地"这样的词语描述二伯家这几年的生活变化，可能您会觉得我有点"夸张"，但在我的印象和感知中，二伯家的变化，这些年来的确是巨大的。而且，生活改变的，远远不止二伯一家，二伯家周围日渐增多的漂亮楼房，越来越多的小汽车，甚至越来越多的邻居种起了花，养起了小猫小狗，这些都让我看到了二伯家生活的变化。

一位伟人说过，"中国的发展看乡村"。只有中国广袤的乡村发展了，中国才算真正地发展了。中国乡村生活的巨大变迁铸就了真正的新时代！

★西篱点评★

数年前，作者在二伯家过年，还得忍受寒冷和炭火的煎熬。仅仅数年的时间，二伯家的生活环境和生活方式就发生了翻天覆地的变化。透过二伯家的变化，又可以看到湖南乡村人们生活的变化和写在脸上的幸福。作者以自己的亲身感受、亲眼所见来讲述这个乡村发展的典型范例，叙述层次分明，结尾将普通一家的变化引申为时代的发展变化，实为亮睛之笔。

"小老外"的变化

任明禹　小学六年级　北京市

　　我的表哥和表妹是二姨的孩子，他们跟我的年龄差不多，住在遥远的加拿大，因为距离远，每隔几年他们才会回中国来探望我们一次。

　　每次他们快回来时，姥姥和妈妈总是非常紧张、忙碌地准备这准备那，唯恐有想不周到的地方。她们说，加拿大山清水秀，风光秀丽，自然环境非常好，而且因为是发达国家，生活水准也很高，总是担心他们来了不习惯不适应。

　　去年暑假，二姨因为工作忙，时间实在安排不开，所以，就让我的哥哥妹妹独自回中国探亲，探望一直想念他们的家人，要在中国度过两个月的暑假。我们真是太高兴了！姥姥和妈妈精心安排了活动日程，还买了好多好多食物和水。咦，水？我好奇地问妈妈，为什么要买这么多箱矿泉水呀，我们平时喝的水哥哥妹妹不能喝吗？妈妈解释说，之前几次，他们回国时因为不能适应国内的饮用水，身体都有不舒服的状况，这次要准备得更充分些，千万不能因为"水"的问题让他们生病，有备无患。我心里想，"呵，还真娇气呢！"

　　在每天的盼望中，哥哥妹妹终于回来了。因为二姨没来，他们有些拘束，吃东西也显得格外挑剔，而且他们真的只喝矿泉水！看着他们挑剔的眼神，我心里有些不舒服，总是感觉怪怪的。

暑假开始了，我们每天的日程都排得满满的，天天出去玩。我们一起去了欢乐谷，哥哥妹妹和我在那里几乎玩疯了，挑战了所有"高科技高难度"的项目；我们在中国科技馆看到了世界领先的"球幕电影"，深深沉醉于科技电影的奇景中；我们参观了故宫端门的"数字博物馆"，惊奇于传统文化和现代科技结合展览的效果；我们试骑了"摩拜"共享单车，观看了全球同期上映的《复仇者联盟》，哥哥妹妹还用手机支付了爱吃的"羊肉串""北冰洋汽水"……突然有一天回家后，我发现哥哥和妹妹没喝矿泉水，而是在喝妈妈为我准备的凉白开！我惊奇地问他们为什么不喝矿泉水啦，他们说"这个也一样"，吃饭时也不再挑剔了。哈哈，"小老外"变啦，我心里笑开了花。

　　日子一天一天过去，哥哥和妹妹依依不舍地回了加拿大。过了几天，二姨来电话跟妈妈说了好多好多……我问二姨说了什么，妈妈说："二姨听了哥哥妹妹跟她描述的中国式暑假，特别激动，因为中国的变化太大了，北京现在就是一个国际化大都市，世界最先进的科技在这里到处都能看到，我们的生活水平一点也不亚于他们那里，有很多地方还更好呢！以后他们一定都安排时间多回中国好好看看。"我听了妈妈的话，为我们的祖国感到非常自豪，希望我们的国家发展越来越好、越来越富强！

★**葛竞点评**★

　　小作者从身边的亲人入手，向我们展现出了"小老外"从不适应到适应中国变化的过程。整篇文章的叙事非常有条理，不拖沓，故事也很精练简单。语言平淡朴实，但用词准确，体现出了小作者外向且平易近人的性格特点。美中不足的是，如果小作者能够将"城市的变化"描写得更加突出一点，可能全文的说服力将会更高一点。

一滴水的旅行

刘昊泽　小学六年级　西安市

　　我是一滴水，从湖里蒸发到云端，多少年看世间沧海桑田，仍屹然不动站在云端，从未想过去人间体验。因为我不愿闻到垃圾满地的气味，也不愿看到生命消逝就被遗忘，更不想体会人性的冷淡……

　　有一天，姐妹们纷纷邀我去人间看看，我鄙夷地看着她们，"人间有什么好看？不去不去！"姐妹们兴高采烈地说："听说中国北京将要举行冬奥会，这是一个有着几千年历史的国家，场面肯定会很壮观。"

　　禁不住姐妹们的鼓惑，谷雨这天，我成为一滴雨悄悄来到人间，随意地降落到大雁塔南广场。这是一个有着十三朝历史的古都，我想看看不举行奥运赛事的城市会是什么样。我看到玄奘法师的雕像立在那里，气势庄严，广场没有一个纸片。也许是因为下雨出来的人少，才没有垃圾吧，我心里暗想。青绿的树叶经过雨水的洗刷，有点晃眼，树上吊着几个红灯笼，在风中摇晃，一红一绿构成了浓浓的中国风，煞是好看。还没欣赏够，一阵风把我送到唐宋八大家的雕塑边，他们是那么伟岸，纵然经过千年，炎黄子孙仍牢牢记忆，诵读他们的诗文，传承他们的风骨。雕塑旁，柳丝毵毵如玉，芳草萋萋胜碧，生命虽然流逝却从未被遗忘。

　　突然我被一团急流推入到低洼处，这里已汇聚了好些水，我在这里驻足徘徊，无法看到边缘，我不想待在这里，我还要继续欣赏美景。我十分着急地向前奔跑，可是无论如何也跑不出去。唉，看来我今天就只能停留于此了，让人们从我的身上走过，我有些苦恼。

"唰，唰"，什么声音？原来是一位身穿金黄色保洁服的爷爷在用扫帚扫水，我诧异地看着这位爷爷，他目光坚毅，表情凝重，披着雨披，穿着胶鞋，在雨地里弓着腰，双手紧紧地握着扫帚，认真地清扫地面，经他扫过的地方，没有一丝杂草和落叶。扫到低洼地了，他嘴巴紧闭，手背上青筋暴起，一个弓子步，扫帚扬起落下，我一下子冲出低洼地，向下水道奔流，再看低洼处，已然没有了雨水。原来爷爷是这个城市的"清洁使者"。不管刮风下雨，严寒酷暑，他们都会出现在他们该出现的地方，没有丝毫倦怠。

我静静地看着保洁爷爷挥扬着扫帚，很想留在这里，看这里的瞬息变化，生生世世。我终于相信姐妹的话，这是一个美丽的国，不仅因为一草一木，更是因为这些平凡的人。

我流进了下水道，又回到云端，我蓄势待发，待又一次雨来，我会立即伸头舒臂，降落到这里。

★葛竞点评★

小作者站在第一人称"我"的视角，把自己想象成了一滴水，跟随它走过了一些地方，遇到了一些人，经历了一些事，整篇文章正是围绕这些展开。文章中讲述了它的快乐和悲伤，开头提到了环境问题，于是在文章的结尾点出了保洁爷爷的不容易。我相信小作者在生活中也是这样一个善良具有正能量的人，所以才会忧心环境问题、感慨世间冷暖，等等。整篇文章用词华丽，不仅运用了对话的形式，还有一些对人物的细节描写，可谓是十分生动！

科技的中国，未来已来

刘颂禾　小学四年级　北京市

亲爱的小禾：

你好吗？

好久没给你写信，今天我想跟你说一件特别让我兴奋的事。那就是，上周我和爸爸妈妈去香港澳门旅游了！

你也许不信，我家虽然住在珠海，与香港隔海相望，离得很近，但却由于交通不方便，一直没能去到那里。去年10月港珠澳大桥正式开通，从珠海到香港的时间缩短为三十分钟，通关流程也方便多了。周围的人都在议论着商量着什么时候去香港玩。我当然也不例外了，缠着爸爸妈妈让他们一定带我去玩。妈妈痛快地答应了，不过有一个条件，那就是我期末考试要考第一。

听了这个条件，我噘着嘴瞪着妈妈，表示非常不满。妈妈却笑眯眯地说："你看，如果没有那些叔叔阿姨的努力，就不会有科技的进步，就不会有港珠澳大桥的建成。我们是想让你好好学习，在享受科技成果的同时，能够更加努力学习，以后好接班呢。"

妈妈说得有道理，好吧，为了能看看港珠澳大桥，能去香港澳门玩，我要更加努力学习。功夫不负有心人，我终于考到了第一名，他们也没有食言，周末带我去玩了。

因为有港珠澳大桥，我们只用了三十分钟就来到了香港。

游玩的人真多呀，熙熙攘攘的人，满耳朵听到南腔北调。我的鞋都被挤掉了两次。这些人都是大桥通了后因为方便而来的吧。

我们玩得很高兴。我在香港游玩了美丽的维多利亚港湾，享受了车仔面、咖喱鱼蛋以及冰室的甜品和美食。在澳门我还品尝到了正宗的葡式蛋挞，真是太好吃了。

回家时再次通过世界最长跨海大桥，我的自豪感油然而生：我们中国现在变成了科技的中国，对未来的想象在现在变成了现实，未来已来。我们要更加地努力学习才行啊。

亲爱的朋友，你说是吗？

我真诚邀请你到珠海来玩，到时候我们一起再通过港珠澳大桥去香港、澳门玩，好吗？

你的朋友豆豆

2019年3月21日

亲爱的豆豆：

你好！

感谢你的邀请。听说你经过港珠澳大桥去香港和澳门玩了，我真是又羡慕又激动呀。今年暑假我一定去，请你给我当导游。

其实我正想邀请你来北京呢。你知道今年世园会在北京召开吧？通过新闻我看到每个园区都美丽无比，有一百多个国家要参加呢。但是我最感兴趣的还是诸多未来的园艺科技。

比如在德国的展园，将会展示用除草机器人作为未来应用科技的实例。在小车一样大的机器人上，运用了摄像和激光探测卫星定位技术，连除草这样的简单工作都运用了科技，多有趣啊。而且还有好多新科技在国际馆里都能参观体验到。

当然我们中国馆的科技感也很强。5G技术会率先使用。中华本草是我国的特色，这次呢，我们结合现代化多媒体手段，可以在全景体验百草的景观区对照了解到药材，会再现本草炮制的文化与药用植物的应用示范。让传统与科技结合起来，有传承有创新。我都迫不及待想去体验了！

我仿佛看到，来自世界各地的人们纷纷涌入世园会，参观体会这里美丽而充满科技的各个园区。

我仿佛听到，这些来自不同地方的人们，在新科技面前赞叹不已，为这些奇思妙想而折服。

就像你说的，我们中国已经进入了科技新时代，未来已经到来。想着就让人热血沸腾。

科技强则中国兴！

少年强则中国强！

所以，我们要努力学习！这样在未来，才能遇到更强更美的中国。

亲爱的豆豆，欢迎你来北京做客！

你的朋友小禾

2019年4月20日

★葛竞点评★

字里行间我充分感受到了小作者对祖国高速发展的激动之情。今年我国有两件重中之重的事，正是文章中提到的港珠澳大桥和世园会，而这两件大事就发生在珠海和北京。所以小作者的朋友写信给小作者邀请他来到珠海见证，而小作者也给他回信邀请一同去世园会游玩。文章感情真挚充沛，虽没有运用华丽的辞藻，却也让读者莫名激动与自豪。

奶奶的电视机

刘宸瑜　小学四年级　北京市

　　我的奶奶非常爱看电视。听爷爷讲，我爸爸小的时候，奶奶最渴望的是买一台小小的上海金星牌黑白电视机。村里李爷爷就有一台，是他在城里工作的儿子们一起买给他的，也是全村唯一的一台。每当夜幕降临，李爷爷把擦得锃亮的电视机搬到院子里时，村里的男女老少们早已坐在小板凳上等待多时了。当充满浓浓粤语味道的《射雕英雄传》的主题曲"依稀往梦似曾见，心内波澜现。抛开世事断愁怨，相伴到天边……"在小院子上空飘起时，奶奶的眼睛都会变得潮湿起来。一天疲惫的劳作后，最幸福、最盼望的就是这一刻了。

　　由于要供养两个上学的孩子，家里的经济负担比较重。听爸爸讲，他上初中的时候，家里才终于购买了一台国产彩色电视机。当时村里大部分人家早已购置了大彩电。奶奶自然是十分喜欢，亲手缝了一个粉红色的电视罩，像宝贝一样地供着。每天都仔细地轻轻擦拭，好像怕把电视机擦疼了一样，平时也不准爸爸和叔叔靠近。记得有一次，小哥俩趁奶奶不在家偷看电视，还在屏幕上按上了一个脏手印，结果都被狠狠地打了屁股。

　　我小的时候，奶奶来北京带我。妈妈说，每当我睡着的时候，奶奶做完家务后，所有的时间几乎都在看电视。尤其喜欢看电视剧和生活栏目。那时我家早已换了进口大彩电，还配了两个大音箱。

每天晚上忙完了，奶奶舒舒服服地窝在沙发里，看着自己喜欢的节目，每天都熬到很晚。记得有一次，妈妈半夜醒来，看到客厅里灯还亮着，结果发现都凌晨一点半了，奶奶还在看韩剧《人鱼小姐》，声音调得很低，看得十分出神。妈妈不忍心打扰她，又悄悄退回了卧室。

现在的奶奶突然仿佛不喜欢电视机了，虽然家里买了飞利浦的液晶大电视，爸爸还安装了环绕立体音响，图像声音效果俱佳。可是奶奶却不喜欢窝在家里看电视了，空闲时就去逛逛公园，跳跳广场舞。手机和iPad也已经成了她的新宠，每天都和老家的姐妹们视频聊天，戴着眼镜浏览网上新闻，关注时事、天气和健康养生。前些天奶奶突然跟爸爸说，她七十岁生日要去张家口过。我赶紧算了一下，真是巧得很，她的生日正好在冬奥会举办期间。那天后，我们经常跟她开玩笑，让她好好锻炼身体，代表中国老人参赛，为国争光。昨天爸爸和妈妈商量，客厅里的电视要不要撤掉，新买一套投影装置，这样就可以在家看电影了。他们说话的时候，我悄悄看了下奶奶，人家正在拿着手机看"小红书"上的搞笑视频呢，笑得跟朵花似的，根本没听见爸爸的话。

我的奶奶终于不爱看电视了。

★ **葛竞点评** ★

这篇文章虽然名叫"奶奶的电视机"，却十分细致地记录下来家里电视机更新换代的过程和围绕电视机发生的一些生活趣事，不难发现小作者是一个乐于观察生活的人。随着科技的发展，小作者家里的电视机也逐渐不再是奶奶的心头肉，被其他新奇的事物给取代。整篇文章用词用句贴近生活，更像是一篇日记，但却也交代清楚了很多小细节。

祖国，我为你点赞

刘梓萌　小学四年级　北京市

2019年4月19日　星期五　晴

今天我简直太兴奋了，一定要记录下来。

学校组织四年级的同学去溜冰场滑冰，尽管我轮滑玩得还可以，但是还没有在真正的冰面上滑过，我很期待。可是一穿上冰鞋后，就仿佛来到了"地狱"，哆哆嗦嗦地进了冰场。我的手上好像粘了胶，扒着墙壁"滑"冰。还好还好，轮滑的底子还在，学了一小会儿，就和几个好朋友一起在冰面上飞了起来。

飞着飞着，我们仿佛飞到了北京的上空。哈！那儿是警察局，有两位警察叔叔正在回答问路的老奶奶。那边还有四位，他们的腰挺得直直的，一双眼睛瞪得又大又圆，时时刻刻都在监视着城市里的一举一动，一丝不苟地来回巡视。当发现有人有危险时，他们会挺身而出；当有人需要帮助时，他们也绝不会有任何迟疑；当别人致谢时，他们也丝毫没有骄傲，依然默默地守护着大家。我和同学们向他们投去敬佩的目光，胸前的警徽被阳光照耀着，五颗星星闪着迷人的光彩。我觉得，那是城市里最动人的色彩。哦，快瞧，那两位警察叔叔在敬礼呢！我们学着他们的样子，敬了一个军礼，嘻嘻哈哈地滑走了。

哇，快看哪，是我们的学校。咦，那不是老师办公室吗？是史老师！她坐在办公桌前，汗水浸湿了她的头发，可是她一点儿也不在意，紧握着笔在书上圈呀圈，写呀写。呵，同学们在操场上举行升旗仪式呢，五颗金星高高飘扬。我们敬爱的英语张老师担任本次活动升旗手，那份演讲稿是那么精彩，让我们胸中涌动起无限的感动与自豪！我们在空中向着国旗敬了一个少先队礼，又继续向前飞去。

不知不觉我们竟然飞到了港珠澳大桥的上方。哇，那么多的工人都在忙碌着，没有一个人是闲着的，就像千万只忙碌的蜜蜂，任汗水一点一点地打湿衣服。终于有时间停下来了，只见他们大口大口地喘着粗气，眉头紧锁。可只过了一小会儿，又全神贯注地工作起来。大桥下面是蔚蓝的海水，上面是湛蓝的天空，好一派和谐的景象。工人们额头上的汗水被阳光照耀着闪闪发光，仿佛一颗颗金星，与这美丽的画卷相互辉映，那么自然，那么美好。

"丁零零……"一阵铃声一下子把我拽了回来。哦，原来是今天滑冰滑得太累了，一到家我就睡着了。梦中的那些场景那么真实，那么美好，他们都是为祖国做出贡献的人，我为他们、为祖国感到骄傲！祖国，我为你点赞！

★葛竞点评★

小作者以第一人称的视角向我们展现出了带有一定幻想色彩的小故事。通过想象自己飞到了不同的地方，引出了不同地点的现状。文章的语言平实有趣，描写得很随意，但感染力强，似乎引领着读者在天空中遨游。美中不足的是，如果小作者能在文章中，突出时代的"变化"感，是最好不过的了，这样才能够让读者更加深刻地感受到时代的变迁。

总把新桃换旧符

刘景奕　小学六年级　西安市

> 未来并不是大自然的鬼斧神工，而是用一双双勤劳的
> 双手创造出来的。
>
> ——题记

这个时代，正在不断地变迁。时代的变迁，也许就在一次出行方式的改变中，也许就在一次食物包装的更换中，也许藏在一枚新发射的导弹中，也许藏在一块马上就要去盖一栋高楼的砖块中……每次大到脱胎换骨的时代变迁，都隐藏在一件件朴素的小事之中。

说到"时代变迁"这个对我们来说好像有一点陌生但又一点也不陌生的词语，或许大家首先想到的就是又研发了什么新科技啊，又建造了什么宏伟建筑啊，法律又发生了什么变化啊之类的事情。但其实，时代的变迁，每分每秒都在进行着。

让我们回想一下，上一分钟我们做了什么事？喝下了一杯水？看了一条微博？读了一页书？还是穿上了一件衣服？

就在我们干这些小事时，这个时代也正在发生变化。在这一分钟内，炼钢厂可能又炼出了一小块钢铁，高楼可能又盖上了几块红砖，国家可能又修改了一条法律。

这些东西距离我们似乎都很遥远，但在生活中，我们也能够清清楚楚地感受到这个时代正在发生变化。

举一个例子来说，很多人在空闲的时候，都喜欢用手机听一听或看一看新闻。或许做这些事仅仅是为了打发时间，但是我们对一些事物的看法也在潜移默化中发生了变化。

我们可以把过去和今天进行一个对比。在二十世纪的除夕夜，亲人们都围在一起过年，大家嘘寒问暖，对酒当歌，这个场景可谓相当热闹。但是现在的除夕夜，虽然大家也聚在一起过年，但大多数人都拿着手机，大家沉默寡言，时而用筷子夹一点儿菜放进嘴里，再无其他举动。可以看出，时代的变迁给我们带来的不仅仅是好处，还有坏处。新时代的科技给我们带来了许多便利，也使人与人之间疏远了很多。

当我们把现在和过去进行对比，会感叹发生的变化之大，但是我们很难意识到，其实这些变化也是在生活中悄然发生的。

时代的钟声一次又一次地在我们的耳边敲响，过去将成为历史，现在将成为过去，未来将成为现实。在这些变化之中，我们似乎能预见未来：高楼大厦鳞次栉比，高科技产品无处不在。新时代的人们追求着更完美的未来，同时又怀念着古朴而温馨、清贫却真诚的过去。

我们应当在珍惜现在的同时，追求梦想，追求未来。

★葛竞点评★

这篇文章的主题明确，积极向上，将时代的变迁与奋斗和勤劳联系在了一起。文中成语的运用如行云流水，恰当又自然。语言自然流畅，浑然天成，优美成熟的叙述文字显露出小作者具有很深的语言功底。文章短小精悍，小作者还能写出自己的真情实感，实在难得，但却显得朴实而动人！

在时光中行驶着

刘蔚琪　初中一年级　深圳市

1993年8月28日，老刘第一次踏上真正的绿皮火车，温暖的空气将他柔软地包裹，暗色的灯光摇晃着照亮他临窗的铺位。那时候，老刘还可以叫小刘，还有一张稚气横生的脸。

小刘隔壁的铺上是个打工的——当然，这是老刘后来才知道的。打工的看到他跳下铺位，把脸紧紧挤在玻璃上，向站台上的父母用力挥手道别。

"去上大学啊？"车缓缓地开了，他用方言问。

小刘点点头，看着打工的把大脚板拿出来搁在小桌上。打工的很健谈，他问小刘，这一去，书是要念多久。

"学成了就回，"小刘回答，"是铁路专业，学成了，就可以造铁路通火车了！"他望着窗外倒退的风景。

"铁路好，火车啊也是个好东西。"打工的笑着望着他，掏出一包看起来不错的衣服告诉小刘，自己已经坐过好多趟火车了，这趟是要回去见在娘家的妻子，他在深圳打工，买了好东西，自己还是舍不得用。提起妻子，他幸福地眯上了眼睛。然后叮嘱小刘："书要好好念，念成了好找老婆。"

小刘不好意思地笑了，他想起背包里那张闪亮亮的录取通知书，用力点了点头。

2018年8月28日晚间，城市的嘈杂落幕，正是一切都向往着灯光的温暖和饭菜温度的时候，车站的紧急消息却将老刘一把拉了回去。

此时的车站被一片在电光石火间燃起的大火惊起一个激灵。一只气球坠在两根通着高压电的接触网之间，拉着正负两极的电网不断贴近。几秒钟工夫，25000伏的电压一泻而出，在高铁轨道正中间燃起一只跳跃的大火球！

老刘的工作服已经脱去，他的手里还拎着一包"张飞牛肉"，但他依然在客流间穿梭，用最快的速度奔向站台。站台上人头涌动。"刘总。"一份文件伸到他鼻子下，老刘马上接过来，和身边赶来的助理一块儿商讨方案。阴冷的晚风溜过，老刘捏笔的手微微打战。他真恨不得自己有三头六臂，可摆在面前的终归是令人焦头烂额的现实。

时间悄悄地推移，在大家的不懈努力下，接触网复原和现场清理只导致了部分列车晚点几分钟，同分秒搏斗的他们，成功了！从高铁开通到现在，这么多年里，他们已经为此奋斗了那么久。

老刘回头望着他工作二十余年的火车站，毕业之后他就如愿来到了这里——但原先这可不是高铁站，千千万万辆绿皮火车正在岁月的远方来来往往。

老刘又开始跑了，他要赶上深夜最后一班车回家；手上的"张飞牛肉"在夜色中摇摇晃晃——是带给我的，他可舍不得吃……

★葛竞点评★

文章运用了时空穿插的手法，在开头先讲述主人公第一次去上大学的情景，接着被拉回当下，当年选择的铁路专业和现在所从事的工作，当年的绿皮火车和现在的高铁都形成了对比，祖国各方面的高速发展，主人公不变的理想。整篇文章细节刻画十分深刻，两人的对话也为下文做出了铺垫，语言简单凝练而又深刻，其中的内涵也值得推敲。

凡人日记

孙兆峰　小学五年级　西安市

1982年8月21日

昨天，收到宝安中学的录取通知书，我兴奋得一夜没睡，整个村子，只有我一个人考上县中学。晚饭后，我看见妈妈从她陪嫁的樟木箱子底抽出好几张票子，对爸爸说："明天送我和仔去省城，给仔买些东西。"今天一早，爸爸骑着永久自行车把我们拉到了宝安火车站，人头攒动、摩肩接踵，都是些年轻的哥哥姐姐，都提着五彩的大编织袋，用我听不懂的奇怪的话交谈着，但他们都笑着，笑得充满阳光。去广州的绿皮火车终于来了，我们费了九牛二虎之力可算挤了上去，根本没有座位，我夹在人群中睡着了。

　　……

1988年1月18日

今天是除夕，全家团圆围坐一桌，爸爸喝了几杯，脸都红了，给我们说起了他的打算：今年我们家一共生了二十七头小牛，卖了一万六千多元钱。加上前些年开肉联厂攒下的，开春就可以盖房子了。弟弟嚷着要让爸爸盖和村东头张伯家一样的三层楼房，我们听了都好开心。

……

1998年8月13日

今天要去罗湖火车站，接妻子和儿子，他们终于可以来陪读了。这几年在香港一个人从硕士读到博士，可苦了他们娘俩。早上去菜市场买菜，准备给他们接风。下过雨的天气很怡人，有个小贩竟拿普通话向我问好。这下我可放心了，我那北京妻子可一句广东话也不会说啊，要知道前几年，大陆人来香港，交流就是第一障碍，沟通基本靠手势，完全鸡同鸭讲。这下可好了！

……

2018年4月21日

今天是老伴生日，儿子打来了电话，让他妈妈那个激动呀，这小子已经大半年没有回家了，电话也很少打来。他在电话里一边说着祝福的话语，一边兴奋地报告："老妈，我们那桥就要竣工啦，啥时候我带你和我爸开车上桥兜风……不说啦，我去开项目调度会啦。"

"老头子，看咱娃上电视啦！"老伴在客厅叫喊着。中央一台《新闻联播》正在报道港珠澳大桥建设专题，在一群头戴安全帽、身穿深蓝制服的人群里，老伴一眼认出了儿子……

这是我的日记，一本普通人的日记，记录的却是祖国不普通的变化。我不知道未来会怎样，但我相信它会一直带给我惊喜，我还会记下去……

★葛竞点评★

　　丰厚扎实的知识储备辅以老练的文笔，作者生动地刻画出了一个人的一生。扎根在主人公一生中的种种细节，为我们展现的是流淌的时代。结尾的处理让人不由得顺着作者的文字，期待起时代的发展。如果能够再添加一系列关键的道具穿插其中，比如日新月异的电话，将会使四篇日记的联系更加紧密。

一个新时代

孙嘉欣　初中一年级　北京市

世界的发展浩浩荡荡，科技的腾飞令人惊叹。现在，高楼巍峨耸立，霓虹灯夺目炫彩。身为这个新时代的一员如能登上"时代"这趟列车，便可驶向那山花烂漫的地方，并在万花丛中嫣然一笑。

以前的空气中，总飘散着烦躁的味道。这是一个故事。

在一个道路泥泞的村庄里，人们正急急忙忙地打灯，因为夜幕就要降临了。此时正是冬天，天黑得早，因而路上的行人便也少了许多。"妈妈，我的三块钱呢。我明天还要去学校，领新书，包书皮。"王京大喊，在他面前，语文书、数学书等都已经翻乱了，杂乱无章地摆在王京面前，倒像烂了羽翼的小鸟。妈妈正在前屋捻面儿，"是不是在……在……你椅子下，或者放你床底下了？"妈妈虽然回答着，但也没有停下手中的活。冬天了，不捻面儿，不做食，怎么能过去呢。

"没有。妈妈，到底在哪里？你又放哪去了，乱乱乱，家里总是这么乱，东边丢点儿，西边丢点儿……"王京又喊道。明天要统一买新书，要是不交钱，这个学期就可以不用上了。王京越想越烦，用手把旧书全都扫下了桌，"烦死了。"在前屋的妈妈听不见王京的嘟囔，但是却听见了那"哗啦啦"一阵扔书的声音。"这孩子，天天这么烦躁。"妈妈把面放下，双手擦了擦衣服，也满脸怒容地走到了后屋。

"不就在这吗，自己不认真找，还扔什么书？"

"谁知道在这里，那三块钱跟纸儿一样。"

"你还敢狡辩，钱自己不放好！"

后屋传来了一阵清脆的声音。

现在的空气中，弥漫着新时代的气息。这又是一个故事。

"卖豆角了，青翠饱满，不好吃，不要钱！""樱桃，苹果，帝王蕉，来看一看，瞧一瞧啦！"在干净整洁的卖场里，卖铺随处可见，吆喝声也连绵不绝。"小王啊，又来买点儿玉米？"一个笑容可掬的爷爷，扯着塑料袋。"是啊，这么多玉米，就数您家的好吃，这价格啊，也不贵。"那名被唤作小王的年轻人，边掏出手机边说。"呵呵，这么多买玉米的人，就数你嘴甜。好了，十块钱。"老者看了看秤，还别说，这电子秤比以前的那一杆铁秤好用多了。"微信。"小王轻轻地点开了微信，还没点到"扫一扫"时，老者就将二维码递给了小王。

"要我说啊，现在你们这些年轻人，就喜欢用什么支付宝、微信。上次有一个年轻人付款，我把二维码搞丢了，问那人，用现金行不？那人，那惊奇的眼神，哎哟哟。"老人摇了摇头，"我年轻时都用的是纸币，哪像你们。"

"是啊，我小时候有一次，学校要买书，唉，那个晚上，我找钱，用了一个多小时，被我妈打了半个小时。好了，我付完了，走了。"小王挥了挥手中的袋子，就走了。走在大街上，小王看到了一块屏幕板，闪烁着这么几个凝聚了科学的字：

> 十年科技改革，十年科技创新，从现金到银行卡，
> 再到微信支付、支付宝。十年的风风雨雨，新时代正在
> 到来！

★葛竞点评★

　　文章通过两个故事的对比，生动地展现了新时代的发展。人物间的互动清新自然，且极具代表性。字里行间流露着作者对于观察生活的热忱。如果能够为前后两个故事中的主人公再增添一点联系，例如小动作、口头禅、爱吃的食物，就能让两个故事更加生动地结合，人物也能在不长的篇幅里跃然纸上。保持观察生活，相信小作者在发现更多美好的同时也能发现更好的自己。

父亲的老单车

李睿　小学六年级　西安市

月光缓缓从天上洒下，脚下的路，白绸布一般。父亲推着那辆老得生锈了的单车，一语不发地走在我前面——父亲要将单车卖了。

看着父亲已有些佝偻的身子，在路灯的照耀下，我仿佛又看到了小时候，父亲骑单车送我上学。

从很小开始，我就知道那辆老单车是父亲的宝贝。父亲总是一人独自骑单车外出；总是一人独自坐在那里，为老单车擦拭车身；总是默默地为老单车除锈。

长大点，上幼儿园，父亲就骑着老单车送我上学下学。他先让我上车，等我坐稳，再推几步，然后大脚一扫，潇洒地上了车，父亲动作幅度很大，却总是不伤及我。不得不说，老单车是真的好，也难怪父亲会喜欢它。车轮虽旧，但转起来却毫无生涩之感；轮虽不大，但踩一脚便能向前走好几米。每遇上坡，父亲便让我抓紧，然后用力蹬几脚，那看似遥远的上坡，便过完了。

父亲提起老单车总是带着一些骄傲的神情，他说单车是他与几个朋友一起去买的，每人买了一辆。可到现在，其他人的单车都已老旧，无法使用。只有他的"老伙计"到现在骑起来还"虎虎生威"呢！说着，他还用手抚着老单车的车身，脸上只有骄傲与自豪。

可是，父亲突然发现，单车实在送不了我了。

一是因为父亲年纪大了，蹬单车已有些吃力、疲惫，但这却非主要原因。最主要的是，单车实在顺应不了时代的发展了。现在外面是汽车、电动车的天下，汽车越来越多，电动车也如此，呈几何倍数增长。

我至今还能记得，父亲那晚抚摸着单车的样子。

以往的父亲，抚摸着单车时，总是一副骄傲的神情。可那晚，父亲坐在矮板凳上，影子被路灯拉得很长，周围异常地寂静，只有时不时的虫声打破寂静。父亲如往常抚摸着老单车，可脸上的骄傲不见了，只剩下了惆怅，眼神也没聚焦，轻叹一声："唉。"父亲的叹气，在这寂静中，传得很远、很远……

第二天，他将老单车卖了。卖车时，他倒没有像那天一般惆怅，只在临走前最后看了眼老单车。随即，他再加了些钱买了辆八成新的电动车。

回来后，我猛然发现了一些事。

时代在发展，社会在进步，有些东西，会不断创新、突破并保存；可也有些东西被忘记、淘汰并遗弃。我们无法阻止这些被时代淘汰的东西被人们遗弃——哪怕是一个人最为珍贵的东西。所以，在接受时代创新的同时，珍惜当下吧！

就算是为了那些会被时代遗忘的人和物。

★葛竞点评★

小作者通过父亲的单车反映时代的变迁，同时，通过父亲骑单车的形象反映时光的流逝，文章虽然流露出淡淡的哀伤，但总体态度积极。说明小作者是一个对生活观察入微，有思考、有态度、心思细腻的孩子。文章以倒叙的方法娓娓道来，让人不禁沉浸在小作者的讲述氛围里，语言平实，没有用空泛的辞藻进行堆砌，情绪的转变合乎情理。建议小作者对细节的描述更准确生动一些，会是一篇非常不错的好文章。

消失的味道

李芮嘉　初中一年级　重庆市

"叮叮当当……"凉意袭来，缓缓睁开双眼，梦醒，花落。望向窗外，当年那个卖麦芽糖的老头儿早已不在路灯下，可那小锤敲击铁片的声音却时常在我梦中响起。

也不记得那老头儿叫什么名字，只记得大家都称呼他为老刘。

老刘在这儿待了很多年了，他总会站在那昏黄的路灯下吆喝着。他挑着个扁担，走到那路灯下会将扁担轻轻放下，用小锤用力敲打铁片，吆喝着："麦芽糖喽！又香又甜！"

老刘身上的衣服仿佛永远不变，一直是那件褐色的老式布衫。小时候每每看见他在那儿吆喝时，我总会扯着母亲的衣袖，让母亲给我买点麦芽糖吃。老刘总会微眯着眼睛笑着看我，"喔，喔，喔！"便将麦芽糖敲成一小块一小块，拿小袋子给我装好。

我总会立马扔一块麦芽糖进口中，顿时甜腻的奶香与麦芽的香气在口腔中四溢，沿着神经一直深入，深入，一直甜到了我的心头。

可是有一天放学回家，我竟没有在路灯下遇见老刘，心中尽是失落。接连几日都未见到他的身影，渐渐担心起来。

一周后，去公园时，望见路边葳蕤的树荫下，有一位两鬓灰白的老人，皮肤被晒得黝黑，佝偻着背坐在一张木凳上。那，正是老刘。

他耷拉着眼皮望着天空，眼中尽是无奈与悲伤。我走近问：

"老刘，这几天你怎么不在那边路灯下了？"

老刘揉揉双眼，叹着气："唉，城管不让在那边卖，只能来这边了。这已经是最后一个没有城管的地方了，这年头，真是事事不顺心啊！"

后来，老刘又不见了。寻人打听，才得知公园不许摆地摊卖东西了，老刘独自一人带着他的儿子开了一家小面馆，维持生活。

我到他的小面馆里坐下，他见我，便直接端上了一碗牛肉面，也没收钱。

老刘坐在木凳上吸着烟，望向远方，叹着气："时代变化太快，城管真是哪儿都不让卖麦芽糖，不知麦芽糖是不是就这样消失了。"

浅谈几句，我就离开了。几个月后，传来了老刘的死讯。

从此，我就再也没有见到过卖麦芽糖的那些老头在街头游荡，儿时麦芽糖的甜蜜气息也逐渐淡化，耳边也再未响起过叮叮当当的敲击声与吆喝声。

究竟是人在老去还是时代在进步，我们心中已有答案，当今社会的发展速度实在太快，那些纯朴的工艺与味道正在快速消失。时代在进步，人也在老去，而那些儿时的味道也消失了踪迹。

傍晚的夕阳还未殆尽，天边的红霞火云星星点点。那"叮叮当当"的敲击声也只能出现在我的梦里了。那嘴角的味道也消失在时间的流转中了。

★葛竞点评★

时代的发展给社会带来的影响不单单都是正面的，小作者就是站在了一个对立面的角度展现了时代的发展，我们从他的故事里感受到了老刘的不易，也为正在消失的纯朴工艺感到惋惜。文章虽然简短，但是故事叙述完整，层次分明。小作者的文采斐然，让人为之赞叹，可见平素在语言文字表达上所下的功夫，实在为同龄人学习的榜样。

新时代的到来

李沁容　小学五年级　广州市

时代在变，生活在变，科技更在变。新科技，让生活更加幸福，更加美满。

商店里

一位老奶奶艰难地掏出钱包，摸出皱巴巴的两元钱，递给售货员；一位姑娘因没有零钱，只好给出百元大钞，被售货员狠狠地瞪了一眼；一个赶时间的阿姨丢给售货员十元钱，抓过面包，找的钱也不要，匆匆离去。

爸爸打开微信扫一扫付款，在二维码上潇洒地一扫，输入费用，一按指纹；妈妈把二维码对准扫码机，"嘀"的一下，人家自个儿扣钱；我也打开智能手表上的支付宝，一扫条形码，搞定。

科技在变。

饭店里

"对不起，菜单不够，稍等片刻。"红着脸的服务员捎来抱歉的话。怒气冲冲的夫妇提包抬脚走出饭店，留下了尴尬的服务员。

"拿菜单过来。""先生，现在咱们饭店里推荐扫描订单。"爸爸好奇地问："哦?""是的,只要一扫这边的二维码,选择您点的菜。下单后,厨师那边儿的接收器可以立即接收。"服务员自豪地解释。

时代在变。

街道上

一名学生骑着车艰难地行驶在泥泞的道上,差点儿陷进泥里;一个大叔站在车辆穿梭的马路中央左闪右躲才过到马路对面;一个小女孩惊恐地看着一辆辆汽车在她面前呼啸而过,好久才过去了。

路人们有秩序地过了斑马线,车辆在一定位置停下,学生骑着单车在自行车道上有说有笑地去上学,柏油马路宽阔光滑平坦,交警指挥着交通。一切都那么井然有序。

生活在变。

这让我想起了每天上课都路过洛溪大桥。它全长1916米,当时,我们没有先进的机器,总共花了四年时间才完工。然而,当中国人拥有了先进的技术、足够的勇气和坚定的信念时,仅仅花了八年时间就修好了世界上最长的跨海大桥——港珠澳大桥。靠的是什么?靠的是先进的机器和新时代的科学技术。这还创造了桥梁技术的八大世界之最。

新时代,已在眼前。我们早已与新科技形影不离。它像一汪泉水,悄无声息地流进干旱的过去。科技的音符清脆动听,时代的旋律汹涌澎湃,共同奏响一支幸福之歌。

★葛竞点评★

这篇文章的条理非常清晰,将变化分成了三个方面:科技、时代与生活。开头结尾呼应点题，结构非常完整。全文简明扼要，精练有序，给人留下了深刻的印象。语言通俗易懂，贴近生活实际，读起来令人倍感熟悉和亲切。小作者如果能在写文章的时候多用一些写作技巧，可能会使得文章更加丰富，主题更加明显。

遥隔万里不过轻点一屏

李昊昱　初中二年级　北京市

> 她脸上皱纹层层叠叠地绽开，气息像是麦芽糖一样甜
> 丝丝的——由内而外地明亮起来。
>
> ——题记

每年最期待的不过春节那在老家的十几天，但今年，却注定让我失望了。

春运抢票的残酷终于降临到了我的头上，自从听闻今年不能回老家，我就把脸一拉，躲在房里自己生闷气。无论怎么自我开导，一想到今年看不见奶奶丰腴的身姿活跃在大厨房里的样子，见不到那满桌用铁锅和辣椒爆炒的热菜和满地乱跑的侄子弟弟们就开始陷入一种悲伤和孤独之中。到后来，这种思绪不断发酵，我甚至都开始怀念之前一向看不惯的大伯叔叔们聚在一块吞云吐雾地抽烟打牌的混乱场面，还有三姑六婆聚在麻将桌前边带娃边双手一推桌、大吼一声"和了"的热闹场景了。

年夜，我看着家族群里面不断地刷红包、发表情，感觉自己隔着屏幕，就像隔着一个世界。那边发得有多么热闹，就越显得我这边有多么凄凉。越看越抑郁，索性不看了。我随手把手机扔到了沙发上，和父母窝在一块看春晚。父母和我一样，都不是很热情，屏幕里莺歌燕舞一片繁华，台上台下人头攒动，屏幕外的我们却冷冷

清清，几乎面无表情地看着人们欢声笑语、载歌载舞。

少了家人，这年怎么过都没味儿——年夜饭都没吃两口。

这时手机振动了两下，我没精打采地把它捞过来，点开页面，却看到了屏幕上跳动着我最不敢奢望的名字——奶奶。我瞪大了眼睛，一下子从沙发上跳起来："爸爸妈妈！奶奶、奶奶她打来视频通话了！"

爸爸啪嗒一下把手中正准备换台的遥控器扔了下去，妈妈停下了往嘴里放花生的手。他们都转头望向我手中的手机屏幕。

不是我们太夸张，只是真的很惊讶。她一贯不接触新科技产品，不管几个儿子孙子孙女怕她通信不便利又哄又求的都没用。家里的电视、收音机我倒是见她用过，但对于手机，就连这个微信号码都是我去年闲来无事主动帮她弄的，一年到头都还没见她用过。

但现在——

我手指颤抖地轻轻点上浮动的绿色电话标识，心里闪过一千一万种能让奶奶这么倔强的人"屈服"的原因，但都没猜中。

奶奶看见了我，高兴地露出一个热烈的笑容。因为对科技的生疏，她的脸几乎占据了整个屏幕，还有点变形，但不影响她的笑容透过屏幕，顺着我的手指流入我的心中，暖融融的感觉像是小时候趴在她身上睡着时梦里阳光的味道。"怎么样，我厉害吧！我学会用这个手机了！"她脸上带着小孩寻宝成功时特有的狡黠和激动，"这样我的囡囡就能看到这边，和我们一起过年了。"

她带着浓重口音的声音传递过来，分子在空气中振动，传来的不仅是声音，还有感动。我几乎是一瞬间哽咽起来，鼻尖的酸意顺着骨头蔓延到眼前氤氲一片："您、您……"

她把手机转向大堂，那里有我所怀念的一切场景：爷爷大伯们正在打牌，云雾缭绕中隐约看到二大伯许是输了，引来一阵哄笑，他满脸通红地拿着一瓶啤酒就往肚子里灌，咬着烟深吸一口，"再来！"今年刚出生的小侄子在嫂子怀里安安静静，四周围了一圈稍大的侄子和弟弟们在逗弄他，看着他流口水吐泡泡就咯咯咯地笑起来；几个伯母和婶婶围坐在一起，绿色的麻将桌上满是硝烟战火，四周站着几个姐姐在围观……

我们家的三个人似乎也处在了这个场景之中，嘈杂和喧嚣再也不是扰人思绪的噪音，而是春节年夜晚上的空气里本就应该存在的背景音乐，让我们一家哪怕看着相隔万里的场面仍能够会心地笑起来，熟稔地说一句："新年快乐！"奶奶看到我们笑了，转向自己的脸向我们邀功，我耳边全是繁杂的声色，听不清她具体在说什么，只看到她脸上皱纹层层叠叠地绽开，气息像是麦芽糖一样甜丝丝的——由内而外地明亮起来。

在这样一个新时代，有了手机，即便相隔万里也不过是轻触一下屏幕的事。这样的技术，给我们一家过了一个永生难忘的特殊春节。

★葛竞点评★

这篇文章就像一条缓缓而流的小溪，平淡却清秀流畅，感情非常真挚细腻，在读完后我也被深深地感动。奶奶对这个家的爱并不会随着时代的发展而改变，她愿意去改变自己便是最伟大的爱。文中小作者对人物的描写生动，个性也鲜明突出，表现出的人物情感自然真切，无矫揉造作之嫌，以平淡见真情。希望小作者之后能够继续保持，写出更多动人的文字。

家乡美

杨景文　小学六年级　西安市

　　"汉中"寒食地，风俗旧来传。每逢清明假日，爸爸妈妈总要带我回到老家，给亲人们上坟。

　　今年，我们是开车回的汉中。那天，秦岭深处，草木吐绿，寒鸦起舞，可怡人的春色，却一次次被数十公里的堵车打断，在等待的闲聊中我们发现，大部分车都是去看汉中油菜花海的。"美丽的心情总是要付出耐心的。"爸爸笑着与其他人交谈。

　　一路走走停停，终于来到这花的海洋，漫山遍野都是黄的、绿的，像造物主的油彩盒。走过熟悉的道路，突然，爸爸一个急刹车让我猝不及防。"什么情况？"我不解地问。原来是一栋新修三层楼房挡住了家门口。"真是数月不见不识家门了！"爸爸自嘲着说。

　　在去往坟地的路上，发现家家门口的路上，有一半沥青路面颜色明显不同，听同村的大爷说，这下面新埋了"厕所革命"的排污管道。我不解地问爸爸："农村不是茅厕吗？"爸爸笑着说："现在的汉中农村，高铁在花海穿行，公路修到了家门口，可与我们那个年代不同了。"

　　哦，其实我听爸爸说过，爷爷、爸爸那个年代的汉中，是住平房、骑自行车的……

　　在坟地，在点点烛光和香火中，我们对着长眠在这里的祖辈们，虔诚地磕头。远处，一群群游客在遍地金灿灿的花海中流连忘返。

夜幕来临，路边的路灯一盏盏亮了，路上的车辆川流不息。妈妈兴奋地给我介绍着最美汉中朱鹮在花海中振翅高飞，高铁在黄绿相间的大地上穿行而过，以及洋县的有机农作物大受欢迎、清明汉中旅游收入过二十亿的好消息。

"这是我们的家乡，"爸爸开心地说，"但这只是振兴农村走出的第一步，在不久的将来，家乡会变得更加美好。"

我相信如果爷爷这一代泉下有知，不知看到今天的景象会有多么高兴啊，他们额头凝固的皱纹一定会舒展开来。

幸福都是奋斗出来的，我相信，老家会越来越好。

★西篱点评★

这篇文章虽然简短，但文笔成熟，看得出，作者有一定的阅读积累，所以出口成章，下笔老到。如果叙事不是戛然而止，再多一些汉中今昔的对照描述，更有说服力。幸福是奋斗出来的，好文章也是耐心琢磨出来的，匆忙地结束让人意犹未尽。

姥姥跟上了新时代

何东儒　小学五年级　西安市

　　从奥运到世博，从"一带一路"到港珠澳大桥，"新时代"这个词早已不仅仅是一个时代的跨越，早已融入了人们的生活。

　　在深海中探索的"蛟龙"，在太空中翱翔并成功着陆月球的"嫦娥四号"……这些数不胜数的人类科技发展的结晶，也影响着大家的生活。

　　看，我七十多岁的姥姥又在和她的高中同学微信语音聊天呢，听着她们那爽朗的笑声和轻快的语调，我的视线仿佛又穿越回十年前……

　　咦，商场在搞活动，那不是姥姥吗？我凑上前去，她好像没看见我，匆匆跑进商场，奔向毛巾的货架，姥姥拿起一条红色毛巾，拽了拽，喃喃自语："这个质量还可以，就是价格有点贵。"姥姥依依不舍地将毛巾放下，看到旁边的蓝色毛巾价格便宜，但质量有点差，姥姥又是一阵惋惜，将毛巾放了回去。

　　于是，我又跟姥姥跑进另外几家商店，姥姥一遍又一遍地比质量，比价钱，用手掌细心地抚摸，用目光轻轻地扫视，终于选到了合适的毛巾。

　　而我早已累得气喘吁吁，一下子瘫坐在地上，不就是买条毛巾吗，用得着跑这么多家商店吗！

　　这时，我又坐在了2019年自己的卧室床边，看着七十多岁的姥姥，和她的高中同学在微信上互相道别后挂断语音聊天。看了一眼床边破旧的毛巾，熟练地打开手机淘宝页面，搜索"毛巾"两字，花花绿绿的样式出现在屏幕上。姥姥点开一个页面，看了看样式、介绍和评价，一会儿眉头紧锁，找不到质量更好的；一会儿又喜上眉梢，一定是找到了心仪的款式、质量和价格。

姥姥点开了支付宝，输入密码支付买毛巾的钱。又进入了另一个页面，查看了物流信息，流露出一丝笑意，"明天就能收到货，太好了！"

我在心中暗叹道：时代在不知不觉中已经变了那么多！我眼前的姥姥和之前的那个为了一条毛巾跑几家商场的姥姥，像变了一个人似的。看来科学事业飞速发展的成果早已被人们广泛应用，短短十年内，科技事业发展如此迅猛，而且深受人们的欢迎。如今的姥姥已经成了手机达人。

我在心中憧憬日新月异的明天，眼前浮现出一个智能的时代：各种大飞机在空中飞翔，或许是一个无须人工的时代，无人汽车在马路上井然有序地前进。这是一个创新的时代，一个科技的时代，一个经济的时代……

我们需要努力跟上新时代的脚步，改变自我，融入这个科技的社会之中，好好学习，建设祖国，心系未来！

★葛竞点评★

这篇文章的选题来源于小作者对生活的观察，通过十年前与现在买毛巾方式的差异，突出了新时代的进步。文章叙述自然生动、结构紧凑，不同人物也拥有不同性格，很高兴小作者能够在自己生活的天地里发现社会发展的全球化。关心生活，关注社会，永远不仅仅是成年人的特权，每一个同学都应该跟上新时代的脚步，写作也是如此。

被守望与被遗失的

何佳磊　初中一年级　深圳市

> 回首向来萧瑟处，归去，也无风雨也无晴。
>
> ——题记

家乡的麦田。

暖风拂过三月的麦田。风轻悄悄的，吹得麦子一个个都露出了其嫩绿的牙齿，像极了忍俊不禁的笑容，就要溢出来似的。麦子的香气戳破纸糊的窗户，穿入千千万万家，和蓝天碧水应和着，带来另一个丰收。

"慢点，别刮到手了！" 每次我割一捆捆的麦草时，老头儿都会这样对我说。

早晨，天蒙蒙亮，老头儿已煮好了粥。粥冒着热气，和着风更显暖和。天不甚冷，但老头儿已裹上了厚厚的棉袍，上面带着木衣柜的清香。那木衣柜，是祖祖辈辈传下来的，上面用墨笔画着一朵梅花，在白雪里静默着，显得端庄而典雅。在早晨，这香味更加明显，生活本就该是这般惬意。

老头儿割了一辈子的麦子，手上早已长满了老茧。夏天的阳光很毒，连砌墙的麻秆儿都直往墙根下躲。老头儿哈哈腰，拨弄拨弄树上的花色小虫，接着抹了把汗，然后就继续将头埋了下去。那把割麦子的镰刀，挂在墙上的木桩子上，老头儿总把它擦得干干净净，擦得能在上面看清自己的每一根头发才罢休。

还记得屋后那条清水河，时不时有鱼跃出水面。我和老头儿曾经总是一起去玩。在河边摘几根凌乱的狗尾巴草，摸摸它毛茸茸的脑袋。总是抓到了苍蝇就丢给蚂蚁，看看蚂蚁直挺挺的身子，再看看它歪歪斜斜的脚印，好不有趣。老头儿也总是这样，走起路来有模有样的，但总是走几步就要喘口气，不过几十分钟便开始摇摇摆摆。

他总是答道是被风吹的，我也不再多过问。

老头儿总是笑着，露出一排排整齐的牙。他喜欢笑，无论面对着谁都笑。夕阳把他半秃了的脑袋染成金黄色，看着就像只大火球。我也总是依偎在他的怀里，时不时找他要来两个瓜子嗑一嗑。燕子扑向空中，似乎在裁剪着夏意。总能在这时进入我最好的梦。

我再次回到故乡，是九年后了。

汽车驶入高速公路，飞快的速度扬起一片又一片的尘土。我纳闷，故乡的小石板路呢？新鲜的空气呢？我不禁打了个寒战。

恍然大悟似的，我走进那个老屋。土墙上有一截嵌入在泥土里的木头，有些腐朽了，镰刀就挂在了土墙的木头上。镰刀轻靠在土墙上，与夜色融为了一体，夜晚的风吹进老屋，镰刀也就开始摇晃。

已经很久了，镰刀一直挂在那里，落满了灰尘与时光的碎片。它好像被老头儿遗忘了，被无情地遗忘了。我过去轻抚它，它粗糙了，布满了红褐色的铁锈，它似乎正在流泪。

门外站着老头儿，我的爷爷，他看着那片被夷平的麦田，踌躇着。我不知道他看了多久，多少天，多少年。我走过去，过去的麦田里建着各式各样的高楼。

我靠近他，将手轻轻地搭上了他的肩膀，他的眼里，似乎闪烁着泪光……

时代日新月异，让我们眼界大开。但与此同时，它也遗忘着很多人，很多人的心，很多人的故乡，很多人的一生。它改变着很多人，改变了人们的生活方式。

但也许，它无法改变的，是一种守望，老头儿与镰刀的守望，守望着麦田、人们、繁星与故里。

或许是在时间的河流里，遗失了梦，遗失了过去的生活，遗失了过去的美好。

★葛竞点评★

通读全篇，看得出来小作者的写作功底非常好，这一定是经过了长期训练才磨炼出来的。可以说整篇文章充满了真情实感，一些细节的描写既精彩又有趣。清秀脱俗的语句透露着小作者的聪明智慧。文章的情感很细腻，结尾处还引人深思，稳中求进、扎扎实实是小作者自己今后努力的方向，希望你可以越来越棒，闯出自己的一番天地！

那次"出差"

余笑非　小学五年级　武汉市

"嗡嗡嗡……"那个电热水壶每次发出这种声音，我就开始提心吊胆，"一定要坚持下去，一定要烧开啊！"我在心中默默祈祷。

妈妈是一位电力工程师，她告诉我有一个"一带一路"的项目需要在缅甸出差，暑假无人看管的我也被安排住在妈妈的宿舍里。一开始听说妈妈要带我出差，还是去国外，还是去缅甸的前首都仰光，我无比激动！我在内心一次又一次构造出了无数个五光十色的繁华场景，幻想出了一顿又一顿的海鲜大餐，可是现在，连顺顺利利喝上一杯热水，都得看运气。

对，你猜对了。这里总是停电，还什么前首都，还什么经济中心，连电都没有！而妈妈告诉我，她这次出差的目的，就是为了建造一座发电厂。

妈妈每天早上出门之前，都会为我备上一天的食物。我每天自己和 Made in China 的热水壶和微波炉合作一番，就可以保证温饱了！妈妈每天晚上回来还要打开电脑，不停地修改图纸、查阅资料，不停地跟国内的同事联系，直到我又在微弱的台灯光亮中看着她的侧影进入梦乡。这就是我的日常生活。

终于有一天，我忍不住了，央求妈妈带我去工地看看，我想看看妈妈究竟在忙什么。

黑皮肤的工人拿着电焊，他们的脸在电火花闪耀中显得越发黑亮；巨大的吊车将那些我从没见过的设备从工程运输车上吊起后轰隆放下，工人们聚集在周围忙着拆卸安装；路面和泥水混在一起，大黄皮靴们毫不在意地将泥水一次又一次溅起。工人的吆喝声、运输车的轰鸣声、工程电梯的吱吱声和我脚下的泥水声交织在一起，让我感受到这里不只是我妈妈一个人在忙碌。

妈妈的办公室里，不时有工人拿着图纸过来询问，妈妈时而认真地讲解，时而皱起眉头翻阅资料……工作间隙，妈妈告诉我，缅甸是一个农业大国，70%的人居住在农村，使用柴火、木炭，只有30%的人才能用上电。一个国家要发展，首先要发展电力！我似懂非懂，然而我知道，如果一个人连一杯热水都喝不上，应该就没有力气建设国家吧！

又是第二年的暑假，我看到了一篇新闻报道，由我们中国人投资建设的燃气—蒸汽联合循环机组，顺利为仰光市供电。它极大地缓解了仰光的电力短缺问题，让仰光市民不再因为一杯热茶而等待！

我看着妈妈，看到她眼角皱纹里的微笑，心中无比骄傲。

★西篱点评★

作者能够把"一带一路"的故事讲述得这么生动感人，大概的确是有自己的亲身经历，让我们读后也感同身受。文章对故事细节的描述准确到位，尤其是烧水的细节，历历在目。作者用这些细节讲述中国援缅之后给缅甸这个国家带去的变化。文章充满正能量，恰到好处地表达了"一带一路"所传播的中国精神，也用简短的笔墨塑造了无私奉献的中国电力工程师"妈妈"的形象。

对面阳台的灯

谷子钼　小学五年级　广州市

天黑了，灯亮了，一盏，两盏……万家灯火。大院里，我家对面二楼阳台的灯，格外亮，光斜斜铺洒在楼底楼道大门口。那是我无话不说的朋友真真家。每逢周五晚上阳台的灯一直亮到深夜。灯熄了，天明了。

"我爸爸今天会接我放学!"星期一，上学路上，真真追上我，兴奋地扯住我说道。她的笑像星光，溢出她的眼角，空气中可以触碰到她的幸福。这平常的小事，却令她欣喜。

她雀跃的样子，和以前判若两人，那时她时常耷拉着头时不时嘴里嘟囔和我说："你说这桥要修多久啊? 我爸爸都好几个星期没回家了，他总说快了快了，我还每个周五晚上留着阳台的灯，等他……"真真和我说过，她爸爸是桥梁工程师，从她上一年级开始，她爸爸和许许多多叔叔阿姨一起修一架跨海的大桥，她爸爸和她说好了，每周五晚上会从海的那一边回到家里，可是她爸爸常常"失约"。今天放学她爸爸能接她，这使她整个人来个大转变，一整天像只鸟儿，有说不完的话。

放学，真真拉着我，急切地穿梭在人群中。"爸爸!"真真大声叫着，我循声望去，迎面一位叔叔走来，大额头，黑亮的脸，架着厚眼镜，透过镜片，眼睛炯炯有神，浅灰的衬衣，肩膀很宽，身板像山一样挺直着。真真扑向她爸爸的怀抱，像寻到巢的鸟儿。那叔叔弯腰抱了一下真真，哈哈的爽朗笑声分外地有力，黑亮刚毅的脸闪着光。父女两人夸张地相拥，在熙攘的人群中，引人注目，但我知道，那是久别的甜。夜里，对面阳台的灯没亮，客厅窗帘上映着的灯光，渲染着温暖。

这之后，真真一改以往的"闷葫芦"样子，和同学有说不完的话，真真变了，变得那么地自信，像阳光一样。

又是一个夜，对面阳台灯亮着。

"快看电视，我爸爸上电视了！"真真急促的电话打过来，电话那头，崇拜和骄傲，化作声波有力地叩响我的耳膜。中央新闻主持人正铿锵有力地播报着：习近平总书记出席港珠澳大桥开通仪式并宣布大桥正式开通⋯⋯

大桥通了，跨过海，越过洋。看着电视镜头闪过的叔叔阿姨，我极力地寻找真真的爸爸，镜头太快，没有一位是真真的爸爸，但又个个都像真真的爸爸，像他一样普通，但又不普通。我不由想起真真变得自信的笑脸，像是夜里星光闪过。

那一夜，对面阳台的灯，格外地亮，我望了望那灯光，暗自走回了书房，梦想像种子绽开⋯⋯

★葛竞点评★

小作者的构思很巧妙，将具有新时代特点的"港珠澳大桥"与朋友的爸爸联系在了一起，内容紧贴现代生活，把握了新时代的脉搏，尽显了时代气息。事例叙述得生动又具体，每一个人物也有鲜明的性格特点，言行举止也符合各自的身份。立意来源于生活，可见小作者是一个对生活有心的人，真实有趣，合情合理。文章语言活泼明快，全文流畅自然。

不服输的外婆

宋浩远　初中一年级　济南市

外婆家住在黄河岸边，每逢放假，我都喜欢去那里住几天。我喜欢看滚滚黄河水夹着漩涡一路向东，虽没有浪遏飞舟的快感，却也能感受到母亲河的强大；我喜欢看黄河岸边长长的麦地，悠悠的青色显示出生命的旺盛；我喜欢看一排排整齐的桐树矗立在大堤上，默默无闻固守着脚下的泥土。

外婆今年六十五岁，岁月的洗礼让她弯腰驼背，她总是忙忙碌碌不停歇。每次见我，外婆都会问："学习累不累呀？要注意休息，劳逸结合嘛。"我回答："还行吧，总要多学一点东西才能跟得上……"没等我说完，外婆一转身就开始张罗着给大家做好吃的去了。

我每次去外婆家都必须和家里的大黄到黄河边"巡视"一番，我和大黄在泥地里打滚儿时，外婆在麦地里拔草，一边拔一边嘀咕"咱的麦子不打药，等磨了面给你们蒸新馒头吃"；我和大黄在岸边疯跑时，外婆在树林子里给树浇水，一边浇水一边嘀咕"多种几茬树，等你们长大了买房子搬家给你们留出木材来打家具，咱自己的树，无污染、纯实木"；等我疯够了，依偎在外婆身边看着她日渐苍老的脸说："外婆你歇会儿吧，别累着了。"外婆笑笑说："嗯！是挺累的，我歇会儿再干。"

外婆村里有好多像外婆一样大的老人，个个不服老，你拼我赶，铆足了劲儿和土地"较劲儿"。看他们那种不服老的劲头儿也挺像爸妈在工作中那种拼命三郎的架势，又像我在学校里与同学讨论问题时争得面红耳赤的情景。

午后的阳光洒满了整个黄河滩，大黄趴在树下伸着舌头大口喘气，我枕着外婆的肩膀在树下迷迷瞪瞪，外婆又说："现在的日子多好啊，只要你肯干就能有收获，不像原来干了也不一定有收成。""为什么啊？"我问道。"不像现在有机器，以前忙个秋，过个麦真是让人褪层皮啊。现在好了，也有水也有电，也有机器。人稍微干点儿就行了，多幸福呀！你们要好好学习，多学本领，把咱们国家建设成最厉害的国家，谁也不敢小瞧咱们。像你舅、你爸他们在工作岗位上兢兢业业、勤勤恳恳，咱们一代人接着一代人干，把咱们国家建成最好的国家，让外国人都觉得中国好，那才是真的好！"

"芳林新叶催陈叶，流水前波让后波"，外婆不一定知道这句话的意思，但她身上那股不服输的精神却影响着一代代子女。今天的时代，虽廪裕仓实衣食无忧，却也面临着更多的不确定性，习近平总书记对我们提出期许，"学所以益才也，砺所以致刃也"，不管什么时候，外婆的这种不服输精神总能带给我力量！

★葛竞点评★

　　整篇文章语言朴实，但在朴实的言语下蕴含着小作者真挚感恩的心，小作者很善于叙述，在生活的点滴中发现了周围人们的"真、善、美"。真实与细腻是这篇文章最大的亮点，一个和蔼可亲、淳朴善良、勤勤恳恳的外婆形象在小作者的笔下刻画得非常生动。结尾处，小作者引用诗句表达了一番自己的感受见解，突出了文章主题，完整连贯，不失为一篇佳作。

一张"票"的变迁

初予斐　小学六年级　广州市

"广州南站"火车站里，人声鼎沸。检票口处，机器人助手在闸门前指导乘客通过。二十岁的我手提行李快速走向闸门。

"请您通过闸门，不用停顿。"

我抬起眉毛，正想说什么，却感到后背被拍了一下。一对双胞胎姐妹不耐烦地看着我："快走，后面还有人呢！"

我默不作声，走到闸门下的那一刻，"嘀"的一声，象征着我可以通过了。现在刷脸都这么快了吗？

那两个双胞胎紧随我身后，为什么她们也可以通过？刷脸难道可以识别如此相近的脸？这时，一个机器人快速"走"到我面前，"根据您之前在闸门口停顿的表现，您并不了解骨骼检票。骨骼检票，是在您经过闸门的那一刻，用射线检查您的骨骼，确认您的身份。这就是我们现在的'票'。"

我一惊，随即又反应过来，八年没有坐火车，检票竟改变如此之大！我又不禁想起十多年前来——

我第一次坐火车，当时买的是红色的纸质票。在检票口，有特别多的工作人员人工检票，查看身份。他们站在检票口，大声喊道："提前准备好票！一人一票啊！准备好票！"

三四年过去，红色的纸票变成了蓝色的磁票。到了闸门处，将票插入检票口，票从另一端射出，取票，通过，一切动作行云流水，毫无停顿。

在我最近一次坐火车时，刷脸已逐渐取代任何"票"。检测身份证上的照片与人录入的头像，一切甚至不需要"票"这一个媒介。再一次，我认识到了科技的强大与不凡。

回想起来，新时代的改变又何止这一处？老一辈们使用的座机、"大哥大"，现在早已变成苹果、华为等智能手机；从前有着卧铺上中下层的绿皮火车，如今已被"和谐号""复兴号"高铁所替代；家中的台式电脑已经被丢弃，为笔记本、平板腾出空间、位置。

也许，新时代的变化早已以几何倍数在发展，潜移默化地改变着我们的生活。世界正在发展，祖国也在进步，日新月异的生活变化，也是祖祖辈辈奋斗与努力的成果。社会的进步服务了我们，我们也应回报社会，尽自己的力量，去改变生活。汹涌澎湃的时代旋律，要由我们年轻一代来谱写！

★沈石溪点评★

该文取材角度独特有新意，以列车出行验票这一方式的变化，非常具体地呈现了祖国近年来的发展和巨变，读之亲切生动，可以看出小作者是一位观察细致心思敏慧的孩子。前面叙写，文末兼议，且叙且议，描绘详细，立意高洁，质量上佳。

老祖宗的奇幻旅行

张逸弛　小学三年级　成都市

　　我的老祖宗的老祖宗的老祖宗，坐着一匹老马拉的马车出远门。马车很颠簸，车厢很拥挤，老祖宗不慌不忙摇头晃脑地哼着歌，慢悠悠地走着。老马一会儿左瞧瞧右瞧瞧，一会儿啃啃草喝喝水，老祖宗为了让它专心赶路，就发明了嚼头和马鞭，这样，老马就认认真真地拉车啦。

　　老祖宗走啊走，走啊走，看到了一辆蒸汽火车呜呜地从远方开过来。火车在跑接力赛，最开始只跑到每小时十三公里，还没有老马车跑得快，一辆又一辆火车总结上一辆火车的经验，越跑越快，后来跑到了每小时几十公里，老祖宗想，这大概是世界上跑得最快的交通工具了吧！

　　话音刚落，他又看到了一辆从来没见过的白蓝相间的漂亮火车。火车八个车厢为一组，其中四个有动力，四个没有动力。老祖宗很好奇，于是坐上了这辆漂亮的火车。火车跑得飞快，老祖宗看着窗外，觉得所有的东西都在飞快地往身后跑，老祖宗感叹说："这火车跑得也太快了吧！"乘务员听见了他的话，微笑着告诉他："这不是普通的火车，是比火车跑得更快的动车。"

　　下了动车，还没有到目的地，于是老祖宗又换到了另外一辆动车上。他惊奇地发现，这辆车开着开着居然钻到了地底下，更令他觉得不可思议的是，驾驶室居然没有一个人，他吓得大叫起来：

"快来人呀，司机不见啦！"这时身边的一个小朋友告诉他，这种交通工具叫地铁，是无人驾驶的。

老祖宗出了地铁，发现天色已晚，他有点着急——天黑之前到不了目的地就惨啦！于是他去问街上的路人，这世界上跑得最快的火车是哪种火车呀？路人回答他，坐着电梯往上走，你就能见到跑得最快的火车高铁了。老祖宗赶紧买票上了高铁，终于在天黑之前赶到了目的地。

老祖宗开心极了，以前需要走大半年才能到的地方，现在一眨眼就到了，他不禁手舞足蹈起来。可是，一不小心他脚下一滑，摔倒在铁轨上。此时，一辆火车面向他飞驰而来，他吓坏了，绝望地闭上了双眼，昏了过去……过了一会儿，他醒了，发现自己安然无恙地躺在轨道边，一个乘务员笑眯眯地告诉他，这是磁悬浮列车，车体是悬空的，只要你把身子压得够低，车就轧不到你。老祖宗终于放下心来。

经过了这一天的奇幻旅行，老祖宗感叹，这个时代的科技真是太先进了，生活在这个时代的人真是太幸福了。夜深了，老祖宗做了一个美梦，梦见他的子孙后辈们制造出了跑得更快、更稳、更舒适的轨道交通工具，他在梦里露出了幸福的微笑。

★西篱点评★

作者创作了一篇精致完整的小小说：以老祖宗一天的乘车经历，讲述了人类从马车到火车，以及蒸汽、内燃、电气、自动化各个阶段的交通工具的演变。读完后的第一感受就是：太好玩了！在生动形象的老祖宗身上，大概投射了作者的个性风格，显得特别幽默可爱。这个小小说让我感觉到了作者所具备的创作潜力，不可小觑。

菜场最温暖的身影

张博涵　小学五年级　西安市

　　"新时代"不仅仅是一个宏大的历史方位，更促成了我们日新月异的生活变化，带来了无处不在的社会进步。从奥运，到世博，再到"一带一路"、港珠澳大桥，时代的旋律汹涌澎湃。大时代的背后，是每一个平凡中国人的喜怒哀乐与点点滴滴。在我身边，有许多平凡努力的人们。让我觉得最温暖的是菜市场那位普普通通的卖菜大叔。

　　大叔看上去四十出头的样子，个子不高，体态微胖，皮肤黝黑，总是穿着一身运动服，戴着一副黑框眼镜，脸上挂着温暖的笑容，来买菜的顾客经常亲切地称呼他为"眼镜大叔"。

　　每次一走进菜市场，我就能一眼辨认出"眼镜大叔"的摊位。他的摊位永远比别人的菜摊干净整洁，各类时令蔬菜总是被码放得整整齐齐，就像排列整齐的队伍一样精神。"眼镜大叔"卖的菜种类总比别家丰富，比别家新颖，也比别家新鲜。听大叔说，无论严寒酷暑，他每天凌晨四点准时起床，骑着一辆电动三轮车去批发市场筛选最新鲜的蔬菜，再以最快的速度运回菜市场，仔细分拣摆放。大叔说，现在的人们工作繁忙，更加注重菜品营养。所以，他想将最新鲜的菜品送上人们的餐桌。

　　"眼镜大叔"摊位前，顾客总是络绎不绝。只见大叔娴熟地将顾客挑选的菜品称重打包并同时报出菜价。电子支付还未普及的时候，大叔常常会免去顾客菜价的零头。如今，虽然支付宝、微信支付方式已经普及，但是大叔仍然会将菜价的零头给顾客省去。一个顾客买菜的零头虽然只有几毛钱，但一天来来往往很多顾客的零头加在一起却不是个小数目。我曾经问"眼镜大叔"："这样免去零头，一天会少赚几十块，您这么辛苦，不心疼这些钱吗?"大叔笑着对我说："小朋友，钱是赚不完的，有舍必有得，看着大家每天开开心心来我这里买菜，我就很知足了。"

无论大叔卖菜多么忙碌，他从来不会乱了手脚，也不会因此而心情不悦。只要有顾客问他问题，大叔总是乐呵呵地回应，还常常向别人推荐一些新菜品的烹饪方法。也总会询问顾客他出售的菜品有没有更好的做法。

和蔼可亲的"眼镜大叔"每天勤勤恳恳经营菜摊，丰富我们的餐桌；他不计较得失的积极生活态度感染着身边的每一位顾客；他总是心系顾客，根据他们的需求添加新菜品……走出菜市场的时候，我回头望着大叔忙碌的身影，感觉特别温暖。

★西篱点评★

艺术来源于生活，如果艺术家、作家缺少对生活的体验和观察，就难以创作出真实可感、有血有肉的作品。作者选取一个卖菜大叔作为描摹的对象，通过一些故事细节，将大叔的勤劳、善良、豁达描绘得栩栩如生。作家的初心就是要以人民为创作的中心，我们的小作家无意中做到了，在讲述普通人故事的同时，给我们传递了生活的温暖。

时代的改变和人情的改变

张敬晗　初中一年级　南开市

　　有人说，时代的变换从街边的风景就能体现出来，这一点我十分赞同。

　　在我的脑海里，依稀还有夏日故乡街边的风景：包子铺冒着热腾腾的白气，店老板热情地招呼客人；修自行车的老汉把三轮车停在路边，嘴里叼着烟，手里还拿着蒲扇一边扇风一边哼着不知名的小调；夏天虽然闷热，但并不影响小镇街边一片温暖宁和的氛围。

　　记得那时祖母带我上街，路边小吃店的老板娘跟祖母很熟，也很喜欢我，经常用纸包住几个热乎乎的煎饺递给我。煎饺煎得金黄，咬一口鲜香的汤汁就占领了口腔，肉馅又软又嫩，让人不禁想要多嚼几下。老板娘看着我狼吞虎咽的模样，忙说："慢点儿吃，又没人跟你抢。"便和祖母热络地聊起来了，两个人都操着一口浓重的乡音，虽然我听不太懂，但这声音却让我觉得路边的树丛、出巢的鸟儿、干净的土路、大声吆喝着的菜农……总之小镇街边一切的一切，在我眼里都有了一份不一样的味道——热烈而馨香。

　　待我长大一些，便随着父母去城市里住了。在我十一岁那年接到了祖父去世的消息，全家人都沉浸在了悲痛之中，父母决定立即回乡。

　　一回到家乡，我便受到了震惊，昔日的土路已经变成了柏油马路，在阳光的照射下反射出金色的光；路边的商铺好像早就已经拆了，变成了鳞次栉比的的办公楼——一切都与大都市没什么两样，闻不到一点儿的烟火香气。我转过头去问妈妈这是什么地方，妈妈回答我："你忘啦？这是你小时候祖母经常带你来的地方呀，每次你都是赖着你祖母不肯回家，时代变得真快啊，没想到咱们的故乡也能有这么发达的一天……"我的思绪已经从妈妈的话飘到了街景上，是啊，时代变得真快，看见故乡变得发达昌盛，应该感到开心才对。但我总觉得失去了些什么，看着柏油马路上的光显得有些刺眼，行人们都低头看着智能手机，厚厚的眼镜片好像把人心都隔绝起来，像一堵厚厚的墙，让气氛变得冷漠，使人想要加快脚步去做些什么，却又感到怅然若失。

我常常在思考一个问题，时代的改变真的是一件好事吗？或许是的，因为只有时代在改变，人们才能享受更好的生活与更多的便利；又或许不是，因为对人们来说，时代的改变不光是改变了衣食住行，也将"旧时代"的那份热情永远地留在了"旧时代"。

时代在改变，但我有一个愿望，人情永不改变。

★西篱点评★

时代的变化，改变了小街的风景。在大家歌颂"变"、享受"变"带来的幸福生活的同时，作者在这里有了一些反思，希望变化当中，也有一些"不变"，那就是美好的人情、美好的记忆。作者显然是个感受力强、细心而又敏锐的少年，写祖母和老板娘聊天的声音将他带入热烈而馨香之境的那段文字，特别美。那是灵魂之境、诗之境。

联通时代的大桥

陈芊如　初中一年级　南京市

港珠澳大桥建成以后，他早已混沌的双眼又一次散发出了光彩。

那是一个怪老头，是真的怪。明明年过古稀还天天出来跑步绕弯，对于年轻人的慵懒以及小孩的娇惯，他永远摆着一张臭脸。儿孙满堂却一点儿也不慈爱。他最爱做的事情就是坐在院里擦他的那个也不知道多少年以前的一个安全帽，一边擦一边看着远处的长江大桥。我们这些不懂事的小孩给他起了个"硬石头"的外号，每次在他走远不久就这么喊他。

可是，就在那天。

我们一众小孩在"硬石头"孙子的带领下溜进他家，都十来岁了，当然要图个刺激，我们就是要去看看他那顶帽子里有什么宝藏。在我们千辛万苦地找到它准备揭秘时，"咣当"一声，我们赶忙回头，完了，"硬石头"正拎着菜，站在门口！

而他只是摇摇头，拿起帽子，走到院子里。

他向战战兢兢的我们招了招手，示意我们站到院子里来。我们怎敢不从？一个个都快哭出来了。可他只是指指大桥，让我们看着、看着。我们才发现，在夕阳沉稳含蓄的照耀下，铁一样冰冷的大桥居然那么美。

他说了他的故事。原来，他就是修建这座桥的工人之一，他把他的一生都送进去了！从十五岁开始，他跟着他的爸爸第一次来到工地，那时还只是一片废墟，但他就被这滚滚长江、这醉人夕阳迷住了，从那时开始，他就决定要守护这一片净土。

从他的爸爸手里接班，到他退休带学徒，他经历了不知道多少个岁月，他看着桥一点点建成，看着它通车，看着它节日里人满为患，看着它夜晚孤苦凄凉。那座桥，是他唯一的念想！

但是现在，他听说另一座大桥要修了，他现在看的桥不仅仅是长江大桥啊，看的更是远处的万里港珠澳大桥！他现在擦他的安全帽，不仅仅是回忆过去，更是展望将来！

听到这里，我们深深认识到自己错了，我们只是把它当一个玩笑，而它是一种传承，是一种凝聚力！从此以后，我们再也不叫他"硬石头"了，甚至和他成了忘年之交，我们每天都在院子里，看着那一座又一座桥。

我终于知道，真正的桥，连接的不仅仅是地方，更是横跨心灵的时代！

★沈石溪点评★

小作者有一定的巧思，以一个喜欢擦安全帽的建筑工人为着墨点，"小"中见"大"，以他的视角带出了岁月流转、时代变迁。散文式的笔调也不疾不徐，起承转合优美自然，文末升华主题，"真正的桥，连接的不仅仅是地方，更是横跨心灵的时代！"值得嘉许。

我的外公

罗子兮 小学三年级 重庆市

　　我的外公，他是一名为祖国教育事业辛勤耕耘了三十六年的老教师。

　　听外公说，他小时候家里很穷。外公一辈子最大的遗憾就是他没有上过大学。所以外公特别羡慕上过大学的人，既可以学电脑，还能学英语。

　　快退休的那几年，外公所在的学校开始普及计算机教学和英语教育。对于受过高等教育的老师，这些也许根本不用刻意学；但是对于外公这一代人，这真的太难太难了。外公年纪大了，听力不好，记性更不好。于是外公就一个字一个字记下培训老师教的内容，回家刻苦背诵、记忆，很辛苦。终于，外公学会了计算机操作，也学会了基础英语对话并且顺利结业了。

　　外公退休后的这几年，微信开始流行起来。一个微风习习的夜晚，一向敏学的外公主动要求妈妈教他如何使用微信。外公兴高采烈地从卧室拿来他的老花镜，和往常一样用丝绒布仔仔细细地擦干净镜片上的灰尘，再搬过一个小凳子，端端正正地坐在妈妈旁边。不知道是紧张还是激动，外公拿着手机的双手竟然有些轻微地发抖。妈妈拿着手机一点一点地向外公解释。外公像一个虚心的小学生，遇到没有听明白的地方，有些不好意思，又有些期盼地看着妈妈，请妈妈再讲一遍。妈妈一遍一遍地讲，外公一边不断重复着妈妈的话，一边操作给妈妈看。

我不知道那天晚上妈妈教了外公多久，我也不知道外公后来慢慢学了多久。终于有一天，外公学会了用微信。那天，外公开心得像个小孩子。发自内心的笑意一直渗在他深深的皱纹里，外公的眼睛像夏夜的星星，那么清澈，那么明亮。我跑到外公外婆卧室去的时候，外公和外婆正戴着老花镜，他们的头紧紧地挨在一起，说笑着。原来，外公在教外婆如何用微信和亲朋好友聊天呢！当手机屏幕上出现外婆的姐姐的头像的时候，外婆开心得像个小女孩儿，对我比了一个超级可爱的"剪刀手"造型。那天晚上，我睡觉的时候，外公外婆卧室的灯都还亮着，我是在他们的笑声中迷迷糊糊睡着的。

很快，外公还学会了用微信发红包，平时去菜市场买菜也不带现金了，直接"扫一扫"就付款了。我爱吃牛肉，于是外公早上六点就起床去菜市场给我买最新鲜的牛肉；我生日或者过节，外公就用微信给我发"红包"，叫我自己去买自己喜欢的书或其他礼物。

外公从来不对我说爱我，因为他是一个很不善于表达的老头。外公老了，也不像他年轻时候那么帅了。但是外公每天精神抖擞，不抽烟也不喝酒，爱看书读报，关心国家大事。外公当了一辈子数学老师，所以，只要有机会，外公一定会给我讲数学题，也讲很多国学知识以及做人的道理。我喜欢看书、写作，应该都是受了外公的影响。在我心里，外公是这个世界上最帅的人。我希望我十八岁的时候，能够像外公一样，作为那一年唯一的学生代表去重庆人民大礼堂做演讲。我也希望我八十一岁的时候，能够像外公一样好学上进，做大家都喜欢的老年人。

外公觉得自己老了，而我妈妈工作特别忙，外公不愿意给妈妈添麻烦。所以，去年夏天，外公在他的老家——一个大山里修了自己的墓。我和妈妈知道后悄悄地哭了很久很久。墓是人去世后居住的地方，可是外公才七十岁！不是说好人都长命百岁的吗？如果外公去了天堂，我就再也见不到他了。不知道天堂的人们用不用微信，不知道很多年后去了天堂的外公会不会还认得我？

今年外公的生日，我想送他一杯我亲手过滤的纯净水做生日礼物。水是这世上最干净的东西。而外公，就是一杯水。

★葛竞点评★

本文的小作者写作功底非常深厚，整篇文章读起来让人觉得非常大气。对外公的描写细致入微，这凝练的描写与细腻的抒情吸引着读者的眼球。小作者条理清晰地将外公对于时代变化所做出的改变写得丰富多彩，并书写出了自己的真挚感受。在文章的结尾将外公比作了一杯水，体现出了外公的纯粹。本文情感真诚细腻，很值得大家学习。

时代的列车

佳璐　初中二年级　北京市

　　飞驰的列车上，窗外的景色不断地变换。从杨柳抽丝、绿色掩映的麦田，慢慢换上了五颜六色的彩裙；从低矮的稻田，又渐渐换成了高大的椰树和棕榈……"真不敢想早上刚出门，现在马上就到了香港了！"姥爷激动地说道。

　　"我们年轻的时候，九个小时，火车也就刚刚从北京到徐州。"姥爷拍着哥哥的脑瓜儿说，"你们现在多幸福！去个香港半天儿多。我们那会儿，来香港就仿佛出趟国。那会儿香港还没有回归呢！"

　　"姥爷，听爸爸说那会儿的火车还是烧煤的吧？还有汽笛声！一定挺好玩儿！现在可惜都没有那种汽笛了，真想见识一下！"我接口道。

　　"是好玩儿，我那会儿总是喜欢把头伸出车窗，看前面的火车头过弯道，特别壮观。然后汽笛一响，呜……嚯！一脑袋煤渣儿！哈哈哈哈！"妈妈忍不住插了一句，惹得大家忍俊不禁。我脑袋里依着妈妈的话语浮现出一个满脑袋黑的小姑娘的形象，实在太滑稽了。

　　"是啊，你看现在多干净！还快。中国的铁路建设确实厉害呀！比国外强太多了！"

　　正说着，列车员端着热腾腾的小笼包和牛排饭过来了。"先生，这是您订的餐，六份，跟您核对一下手机号码……祝您用餐愉快！"姥爷悄悄地向哥哥竖起大拇指。"快，让我尝尝好不好吃！"我打趣道。确实很好吃，又热乎又新鲜，惹得邻座的小伙子也直往这边看。

"请问，"他忍不住终于还是问了，"你们这是哪里订的？"

"手机APP上，订票的时候可以选站点订餐的。这样车到站的时候就可以直接将刚出锅的外卖送到座位上来了。"哥哥不无得意地说。

"爸，您也知道啊？"爸爸看向姥爷。

"嗯，其实这次是成成指导我订的。呵呵。"姥爷轻描淡写地说，嘴角却流露出掩饰不住的笑意。这下子轮到爸爸给姥爷竖大拇指了！"爸，您真行！给您一个大大的赞！"

不知不觉，火车在欢声笑语中已经徐徐进站。下车，我们已经站在东方之珠的土地上，感受着高楼与霓虹的林立。

"这次我来领路！"早已做好功课的我，掏出手机看地图，按照导航的指引向地铁走去。

"换足港币了吗？"妈妈随口问道。

"嗯，换了一点儿。银联卡也可以直接刷人民币的。不用带很多现金。"爸爸说。

"是的，我用支付宝，也可以微信，上次我就用的支付宝，我都不带现金。"姥爷说。

"得，爸，您又走到我们前面去了！看来您这是引领新潮流啊！"

"哈哈哈！与时俱进嘛！还是时代发展快，祖国强大啊！我也不能跟不上时代。这我都是跟成成、佳璐两个孩子学的！"

是啊，时代不同了，真正日新月异！

★葛竞点评★

这篇文章小作者从身边的小事入手，题材简洁恰当。姥爷的进步代表着新时代的进步，看得出来姥爷是一个非常开明的人。文章展现出的是小作者有一双慧眼去观察、感悟身边的人或事。整篇文章的语言朴实无华，但却给人带来了冬天里的温暖。对话简短自然，行文流畅，思路清晰，如果能融入更多的人物情感就再好不过了。

她，他，她

金慧善　小学六年级　沈阳市

她

她出生在一个战火纷飞的年代。

为了活命，一家人常常东奔西跑。常常是一个地方还没熟悉就又要搬迁了。在那个时代下，人们脸上的表情总是惶惑的，不安的，似乎有千万个问题要问，但最终只是凝结成一个愿望：

逃。

小妹是家里最讨人喜欢的孩子，但也仅仅是讨人喜欢而已。他们八个孩子，只有她和小妹是女生，也因为如此，父母亲给的关爱自然就格外少了些。

那年冬天，他们八个分一锅清汤，忽然传来小妹病倒的消息。她眼睁睁地看着小妹的脸变得如同一块旧抹布一般枯黄凹陷，眼睁睁地看着那平常可以给家里带来笑声的小嘴只能如同鱼一般无力开合。

战争结束后，她平常和李婆王嫂闲话家常时，一闭眼，小妹的脸就会浮现在面前，成为她挥之不去的梦魇。

小妹，现在不用喝清汤了。

他

常听母亲说他死去的小姨，他对此并没有太大的感触。只是听母亲讲，多少对那未曾谋面的姨妈有些愧疚。

母亲喜爱栀子花，院子里种了一大片，在微风中散发着温柔而内蕴的香气。他一直认为，栀子花很像母亲。

他考上大学那一年，成为全镇的传奇，那时考上大学的人数何止能用"少"来形容？他暗暗骄傲，可是母亲的反应倒是平淡如水。大字不识的母亲，仍然教导他好好读书，一如往常，只是别了一朵栀子花在他衣襟上，给他做了碗白米饭。大学四年，栀子花干了、枯了，可他心里一直有朵栀子花。

后来他找了份工作，一步一个脚印地往上爬，终于受到领导赏识来到了大城市。俯瞰灯红酒绿，他忽然产生了一个莫名其妙的想法：

大城市里，没有母亲的栀子花了。

她

她此刻正坐在电脑前敲一篇文章，嘴里嚼着泡泡糖。

爸爸出去为她买辅导课本了，她的手指在键盘上飞舞，如同轻盈的蝴蝶，电脑后厚厚的辅导课本和作业摞成了一大摞。热气腾腾的牛肉饭没吃几口。她是个十二岁的孩子，不是孩子的孩子。听见爸爸和奶奶说起他们的故事，总会有一种不真实感。也许，是爸爸妈妈生她生太晚的缘故。

电视开着，一本正经的播音员正严肃地说着港珠澳大桥和巴黎圣母院的火灾，妈妈坐在沙发上一边完成工作一边感慨着男女平等。她想起奶奶说过，那个时代男人和女人有差别。当时她笑得上气不接下气，还和奶奶辩论了，奶奶输了，不过面上却是无奈的微笑。她缩回在妈妈腿上取暖的脚，打字速度加快了些。忽然想起什么，对妈妈说：

"2022年冬奥会，中国一定会举办得很好。"

后　记

她，他，她。奶奶、爸爸、我，三个时代，三代人，就像三条曲线，交织着前行，跳动着美好而光明的旋律。

★葛竞点评★

小作者的文风独特，这在同龄人之间是难能可贵的。用第三人称的方式讲述"我、爸爸、奶奶"三个时代的故事，客观又真实。文章的语言精练，骈散相间，极具文采。这三个典型的片段故事连缀成文，对时代变迁的主题进行了充分阐释，布局匀称，首尾圆融。全文一气呵成，没有斧凿之感。

一方庭院

周可儿 小学六年级 广州市

依稀记得，那一方庭院，模糊间，那栀子花香还在散着；那个佝偻的身影，拉我回到童年。

现在的杭州未来科技城，当年是一片片田野，颇有山沟沟里乡下的味道。奶奶住在那儿——一幢"别墅"级别的两层小楼，门前"标配"着一方庭院。"奶奶，我回来啦！"我气喘吁吁地冲向院子，推开门，那棵栀子花的芳香就扑鼻而来，花瓣随风撒落了一地。奶奶，我那沉默寡言、热心勤劳的奶奶，低着头坐在小木凳上，在井边抵着搓衣板，来回地搓动着衣服。

所以我的衣服常常带着栀子花香，那是最清纯、最美好的味道，是用奶奶手上的层层老茧和鬓边的片片白发洗出来的。

一方庭院，容着所有童年的记忆，快活、自在。

不知什么时候，我从乡下来到了城市。奶奶也搬进了市区的小区，没有了那阵阵的栀子花香，也没有了门前的庭院。

奶奶住的小区没有电梯。放学回家，她总是不放心我走楼梯，每天亲自来接我。大手拉着小手，有说有笑地穿过马路，气喘吁吁地爬上楼梯。

奶奶不用搓衣板和井水洗衣服了，每天只需把一桶脏衣服倒进洗衣机。这庞然大物"咕隆咕隆"转上一个小时，衣服便干净了。衣服上再也没有栀子花的香味了，不过却多了一种洗衣液的香味。

后来，我和爸爸妈妈一起住了。虽然温馨、亲情如故，但离开了那方庭院，心中总是空落落的，似乎少了点什么。

几年时间过去了，大人们似乎习惯了变迁，习惯了城市中的钢筋水泥，只有奶奶和我这个小孩子还念念不忘那童年的一方庭院，不忘扑鼻的栀子花香。

是多愁善感了呢，抑或是无病呻吟？我不清楚。

六年级有个补习班在未来科技城里，最近常去那里。昔日的田地全没了，变成了高档的写字楼和繁华的商业街，热闹非凡。这里是"阿里巴巴"的地盘，任何消费都是支付宝扫码来完成的。

时光飞逝，拔地而起的建筑数不胜数，商场里人头攒动。我却有一种想哭的冲动——生活日新月异，而现代与朴素却不可兼得。

那乡村的纯朴消失了。奶奶的打扮也开始时尚起来，智能手机熟练地滑着，"淘宝""微信""支付宝"来回地切换着。

那方庭院呢，去哪儿了？那里又变成什么样子了呢？我不知道。但我知道栀子花香已经不在了。

时代的旋律汹涌澎湃，科技日益发展进步，人们的生活观念正在改变。我常常告诉自己，忘了那个农村，忘了那一方庭院吧！可我似乎还是对那阵阵的栀子花香念念不忘。

★西篱点评★

城市化的进程太快，乡土生活迅速成为记忆。当我们只有在记忆中去回望昔日宁静的乡村，去回味已经消逝的栀子花香，难免会有淡淡忧伤。作者小小的心灵中，就住进了这忧伤。不过也没什么不好，大凡对一些旧事物仍然怀有朴素感情的人，往往是真诚的人，而情感的丰富，也是成长的重要方面。

一沓书信

於子寒　小学五年级　杭州市

"从前车马很慢，书信很远，一生只够爱一个人"，一直很喜欢这首木心先生的诗歌，文字中描述了那个年代的爱情，不仅折射出了当时的交通十分不便，也反映了那个时代人们的诚恳与踏实。一滴水珠能够融入太阳所有的光芒，一段段的历史也组成了中国时代的更迭与进步。

我的爷爷和奶奶出生在五十年代，在他们的恋爱时期，爷爷去参加了部队。他们的联系是依靠着一封封的书信，那个年代没有电话手机，没有网络，也是信件将爷爷奶奶两颗心联系在了一起。可以说那一封封的书信，是爷爷奶奶的宝贝，象征着他们的爱情。

爷爷将这些书信都放在一个铁皮饼干箱里，看着那些泛黄的纸张，我会常常幻想他们的那个年代，互相收到对方来信时的感觉。见字如面，字里行间都寄托着他们互相的情感，期盼与激动。三尺素笺，依然还保留着它永远的真挚与纯洁、爱情的隽永与美好。

爸爸和妈妈是"80后"，手机与BP机已经开始流行起来，厚厚的一本通信录是他们的宝贝，通信录里记录了亲戚和朋友的号码。爸爸还展示了他那时候的BP机，要是有人找他，拨打了他的BP机号，上面就会显示出拨打人的电话号码。然后，爸爸就可以就近找固定电话回拨。直到爸爸妈妈有了手机才真正享受了即时沟通的便捷。

我是标准"00后"，眼下，科技日益发达，我生活在信息时代。互联网、智能手机、平板电脑等等，缩短了我和别人沟通的时间，也极大地方便了我的学习和生活，信息的获取更加地简单便利。

我和家人的沟通现在更多的是手机，今天碰到了什么有趣的事情，赶紧拍张照片分享给家人朋友，遇到不开心的事情也可以通过手机告诉爸妈，他们也会在手机上开导我。爷爷奶奶也紧跟着时代的步伐，也早早地购置了智能手机，并且学习了使用方法，爷爷奶奶现在每天和我聊天呢。爷爷奶奶也十分享受这种便利快捷的沟通方式，可以说过去是沟通，现在是沟通，未来还是沟通。

在过去，信息交流通过书信、电报，甚至是信鸽。信息接收要很久，还需要大量的人力、物力，并且因为信息的不对称会造成很多的麻烦。随着时代的进步，我家的"50后""80后"和"00后"都享受到了信息时代给我们带来的便捷。展望未来，时代在变化，生活也在变化！我期待我们的一家和全中国所有家庭一起，不仅享受科技与改革开放带给我们的益处，也像爷爷奶奶的那一沓书信一样见证时代的变更。

如今中国即将踏入5G时代，人工智能等更为尖端的科技也不断涌现，更前沿的科技不再遥不可及，而我作为未来的开拓者，更应该奋力学习科学和技能，顺应时代潮流的变化，为了中国的崛起而努力读书，为建设更好的中国而奉献自己的一份力量。

★西篱点评★

这篇文章用人们沟通和表达感情的方式在今天发生的巨大变化，以信息革命、科技进步来彰显时代的变迁。该文章最大的特点是用朴素的语言把事情讲得明明白白，并且行文的逻辑性和层次感都很强。如果再有一些"50后""80后"和"00后"沟通互动的生动故事，就更加完美了。

城市的记忆

郑思瑜　小学六年级　上海市

　　王安忆曾经说过："上海弄堂的感动来自最为日常的情景，这感动不是云水激荡的，而是一点一点累积起来的。这是有烟火人气的感动。"翻开旧相册，映入眼帘的便是石库门。虽然没有亲眼见过，但外婆和我说，那时邻里之间关系很和睦，相互的称呼也格外亲切，什么"张家姆妈"呀，"李家伯伯"呀。在那一棵棵梧桐树的掩映下，我似乎听见了石库门里的笑声。

　　"那时的人们呀，一点家常菜饭就很满足了，我一辈子都忘不掉的还是红烧肉浓油赤酱的香味。"外婆回忆道，"以前东厢房张家烧红烧肉，整栋楼都弥漫着红烧肉的香气，上桌时我正好去串门，张家姆妈夹了方方正正的一块红烧肉让我尝尝，油而不腻，入口时鲜味和甜味夹杂在一起，别提多美味了！至今难忘啊！"外婆一边说一边眯缝着眼咂巴嘴。回味无穷的样子令我垂涎不已。

　　妈妈在一边兴奋地讲述东厢房的纳凉晚会，如数家珍地给我介绍那时的"弄堂游戏"：什么跳皮筋呀，打水枪呀，跳房子……我的思绪不由得重回石库门。在我儿时的记忆中，我最爱的是"老鹰捉小鸡"的游戏，我最喜欢当"老母鸡"，保护一群"小鸡"。石库门弄堂让捉迷藏的游戏变得更有趣，处处是孩子们的藏身之处。有一次我想要躲在亭子间的老虎窗下，一不留神，猛地一抬头，撞了一个大包，便大叫了一声，不幸暴露了踪迹。细细长长的弄堂里，是我和一群男孩子们激烈打水枪的身影，水溅了我一身，但银铃般的笑声却始终回荡在石库门的往事里。在那里，我真正感受到了最朴实的市民生活，每一个温馨的场景都深深地烙印在了我的脑海里。

绚丽的霓虹灯凸显着东方明珠的辉煌，陆家嘴鳞次栉比的摩天大楼展现了上海的新面貌，繁华的南京路是上海人民生活激情的写照。日新月异的上海迈着时代的大步越来越繁荣昌盛，成为蜚声海内外的国际化大都市。

老上海的旖旎风情即使离我们远去，也不会被遗忘，反而如一坛陈酒越久越香醇。新上海的变化令人耳目一新，目不暇接，甚至热血沸腾。上海的过去、现在、将来让每一个上海人沉醉并自豪。

站在外白渡桥的桥头，在我的右边是历经百年沧桑的十里洋行，在我的左边是如今令人目眩神迷的浦东滨江。我不禁想起曾经读过的一首诗："江涛涌动海中流，异域情怀雅俗楼。闪烁华灯辉古迹，翻腾闹市耀新秋。遥看世界奇文录，剧变风云丽日浮。感受欢欣经屈辱，东方矗立振神州。"

★ 西篱点评 ★

从著名作家关于上海弄堂的话语，打开关于石库门的记忆，在这种融汇了东西方文化的独具特色的民居建筑里，至少曾经有过三代人的生活：外婆、妈妈和作者自己。东方明珠的辉煌，陆家嘴的现代，南京路的繁华，浦东滨江的移步拾景……作者用娴熟的文笔，既写出上海的旖旎风情，又写出她炫目的国际化的美。文末诗的引用，对作者表达情怀也是恰当而有帮助的。

新时代的新农村

郑博文　小学三年级　成都市

　　"爸爸，我怕黑，我不要去外婆家。""爸爸，那里有好多的蚊子啊！我被咬了好多的包包，我还看见大老鼠啦。""爸爸，外婆家下雨啦！门外好多的泥坑，我的鞋子陷在里面呢。"……这是我儿时的记忆。

　　我的外婆住在成都郊县的乡坝里，几户亲戚相邻，四周除了农田就是泥土和石子混合的机耕道，起伏不平，弯弯曲曲，一到下雨就泥泞不堪，每一次出门，我的鞋总会被可恶的泥粘掉几次，连袜子都会被打湿，大人还责怪我不会走路。吃完晚饭，外面就黑漆漆的，没有路灯，没有行人经过，耳边只有蛙声和虫鸣，没有诗意，只有"战斗机"呼啸而过的声音，在不经意间身上多出几个大大的红包，所以我不喜欢农村，我不喜欢到外婆家，虽然爸爸妈妈总给我说外婆喜欢我，会给我做很多很多好吃的，但我总感觉我是去给"战斗机"送好吃的。

　　怪只能怪人微言轻，到了逢年过节的时候，爸爸妈妈依然会拉着我回外婆家，但这几年乡坝里的变化真的好大呀！我也渐渐地喜欢在这里了，一条柏油马路在田野间穿行，菜籽花极黄的时节，仿佛置身于花海中，满眼的灿烂，满鼻的芳香，蜜蜂嗡嗡齐鸣，蝴蝶迎风而舞，怎一个美字了得！破旧的老屋不见了，联合小区里崭新的小楼整齐、干净、洁白的瓷砖，红色的彩瓦在阳光下熠熠生辉，垃圾统一收理，家家户户安上了光纤电视、自来水和天然气，我感觉这就是一个小城市啊。当夜幕降临，观光大道上路灯明亮，吃完晚饭的人们又在这里相聚，老话说"饭后走一走，活到九十九"，现在没有人谈麻将，也没有人说长牌，更多的是谈家长里短、健康养生。

看到二大爷悠闲地走在前面，我也学着他的样子，抄着手，仰头向前，不时驻足观望一下路边的景色，听听蛙声虫鸣，在这个远离城市的农村里，我仿佛有了一丝古时文人的闲情雅趣，不过我的好文章还在心里酝酿着呢！

★西篱点评★

小时候关于乡村的诸多不好的记忆越是深刻，今日城镇化新农村风貌给小作者的认知带来的冲击就更加强烈。小作者奇妙地用了不好和好的对比，不仅写出新时代乡坝里怎一个美字了得，还写出了村民们全新的精神风貌。这些，都会酝酿为作者心里的好文章。时代在发展，好文章是写不完的。

新时代

赵骞儒　初中一年级　深圳市

微风轻轻地吹起一片落叶，随着落叶的降落，道路上的机器人拿着扫把，迈着机械的步伐，向落叶走了过来，打开了2030年的大门。

随着城市喇叭的提醒，工作者的新一轮生活开始了。

坐在公车司机位置的是机器人，上车后，全脸扫描会对应眼睛中的纹路，开始识别。"上车的乘客往后走，不要挤在前面。"大叔的声音在耳边回荡，他总是会看着你把手中的钱投进去，慢慢变成"嘀嘀"刷卡的声音，又变成"支付成功"的手机响。只是抬起头后总是不习惯地看着这张毫无生气的面庞，朝你点点头，僵硬的嘴角扯出一个生硬的笑容。往车厢后走去，也只有少数的人在车上，几十年前的高峰期不复存在，大量的AI技术出现，人们的竞争消失了，只有实力强的人，才有资格跟机器人竞争职位。

人类少的世界，真的好吗？

我慌忙地找着钱包，翻遍了书包和口袋，找到的只有几个一毛的硬币和五十的纸币，在投币机前的我急得快要哭出来，用力地咬着自己的嘴巴，却不知怎么向司机开口。似乎是发现了我的处境，司机叔叔朝我笑笑，"没带钱吗？"我点了点头，又摇了摇头，小声地说："忘记带散钱了。""看你都快哭了，没事下次记得就行了，赶紧到后面坐着吧。"大叔爽朗地笑了笑，继续专心开车了，我坐在车上，感到心里暖暖的。窗外飞速掠过的绿景又变回了机械世界，将回忆拉了回来。现在，不会再有没带钱的情况，科技就在大脑中，只是感觉生活中少了点什么。

街边的机器人来回摆动着僵硬的手臂，头也不抬地工作着。慢慢地，它的头不再机械化，有了皱纹的脸庞缓缓浮现，头上的发丝也有少许垂落在肩上，却丝毫没有影响她工作的神情。"阿姨，你又在这扫地啦，运气真好，我们又遇见啦。"我向她挥挥手，跑到她的前面，她也抬起头朝我笑了笑："又来这么早？"不是机器人的声音，是我想念已久的声音，"对呀，早交作业有加分呢，我先走啦，拜拜。"大部分时间里，我总能遇见这个阿姨，在这里勤勤恳恳地扫地，认识她，也是在那个下雨天，她把伞递给了淋湿的我。面庞渐渐消失，又变回了机器人的脸庞，我又忆起从前了，扬起的嘴角垂下，转身走开，心里空落落的，生活中的什么消失了。

科技一直在进步，生活一直在发展，人们的工作被取代了，生活中的感情也被取代了，取而代之的是一个冰冷的环境。总有一天，人们也会习惯这种生活，只是那一天，我们是否会变得那样冰冷，科技可以发展，可是生活中的情感不是科技可以代替的。

★西篱点评★

作者在完成这个科幻和现实交织的文章的同时，表达了他在面对未来时产生的些许忧虑。假如机器人剥夺了人们就业的机会，那些可亲的人——开车的公交司机大叔、街边的扫地阿姨，都被冷冰冰的机器人所取代……是什么让"我"若有所失呢？是人与人之间的联系和感情。作者提出的这个问题，是所有人在面向未来的时候，都要面对的，值得我们深思。

时代川流，我仍不息

胡晗玥　初中一年级　杭州市

> 或许我们不在一个时代共同生活，但是我们最后还是走到了一起。红尘变迁，时代更迭，命运浪潮使我们的相遇变成时间继续在岁月中川流不息。
>
> ——题记

外婆再次推开了我房间的门，问我一个字怎么写。

"您可以查字典。"我说。

外婆扁平的脸一下就交织在一块儿了："现在的字典上都是靠拼音来查，你外婆我要是学过拼音，何必还要再来找你喽！"她甩甩手，手指在空中胡乱地比画了几下，嘴里喃喃着那个字的读音，"可惜咯！可惜咯！"

"可惜什么？"

"可惜你外婆只上过三年学！"粗糙的手指突然顶了一下我的头——噌，疼——"小时候像你这么大时，我就已经没有书读了。我爸爸只让男生读书，可气的是，学习成绩不好的全是男生，像我们这种女生成绩再好又有什么用！"

空闲时间外婆还会跟我讲她小时候的故事。她说她们家门前有块地，饥荒时就靠粮票里有的那么点食物和种的高粱凑合着过日子。一次门口成熟的高粱被人偷了去，她的母亲就跪在门口哭了很久——熟悉而又陌生，近在咫尺抑或远在天边，在纪录片里无数次呈现的场景，发生在了身边最亲的亲人身上。现在的我们衣食无忧，衣来伸手饭来张口的日子过得数不胜数。时代的改变，着实让她吃了一惊，惊喜的同时接踵而来的就是遗憾。她听过的，唱过的童谣、儿歌，现在大多数已被时光湮没而消散。她的歌声响起时，在座的并不是她的朋友、同事，而是一个生活在与她完全不同的时代的我——我真的能听得懂吗？

我记得我小时候问过母亲关于《悯农》这首诗的问题：农民为什么会饿死？现在食物那么多，商店里就有好多啊！他们为什么不去买？

母亲的回答早已忘却，现在再来看这首诗时，外婆的经历与失去生命的农民似乎就能对接起来——"四海无闲田，农夫犹饿死"啊！从未这么经历过的我们真的明白吗？

"我们真的不知道什么是感同身受。"

现在中国的科学技术迅速发展，人们摆脱了贫苦的困境，一个个都在大城市中做出成绩，赚得盆满钵满，人们都变得更加幸福，生活也变得更加便利。"你外婆那时候，哪里有这种东西啊！"当她拿到母亲买给她的手机的时候，她把手机翻来覆去看了好几遍，脸上带着孩童般的笑容。

经济的发展，时代的进步，使许多孩子都可以读书了——那琅琅的读书声，是外婆打心眼里羡慕的。

"真好啊，真好啊。"

家离学校近，上课时外婆就在窗边站着，望着我们学校那些在操场上快乐玩耍的孩子们，嘴里喃喃着。

"真好啊，真好啊。"

"可惜你外婆只上过三年学！"

外婆已经回到她的房间里去了，"再过五分钟就吃饭。"当时的她，真的也能说出像这样的话语吗？

"嗯，好的！"

★葛竞点评★

　　本文虽短小却精悍，虽言简却意赅，虽文微却意切。文章的主题鲜明，结构清晰，选材来源于生活，很典型。通过外婆与自己的相处让我们感受到了两个不同时代的交融。整篇文章从自己身边的小事入手，内容既真实又充实，非常具有说服力，读起来也非常丰满。希望小作者能继续保持写作中的真实、真切、真诚与真挚。

一封家书

——致三十年前的父亲

胡源鹏　初中一年级　无锡市

亲爱的父亲：

　　您好！

　　这样称呼您，您会感到惊讶吧！现在的您应该还是一位正在发奋苦读的山里孩子吧。而我，是您三十年后正在上初一的儿子。

　　我知道您现在生活非常艰苦，吃着发霉的苞谷饭，住着漏雨的土坯房。您白天在学校埋头苦读，回家还要耕地喂猪。辛苦一年不说，却饭吃不饱，学费交不起，您，是不是担心这样的生活没有了希望？但是我骄傲地告诉您：我们的国家即将腾飞，度过这一段艰苦时光，迎来的将是新时代的春天！

　　是的，现在的您一点也不担心吃饭这点稀松平常的事了，除了早饭，您餐餐都有肉吃。吃的大米颗颗肥得流油，能在煮饭时结上一层薄薄的白色的东西呢。您担心的，是渐长的腰围！您现在的收入，足够过着有情调的生活；好舒服的床，我小时还经常在上面蹦跶呢；您还有一辆结实的汽车，经常带着我四处兜风……这样的生活，应该是您当时意想不到的吧。

　　在丢掉这封信，并认为这是一个愚蠢的玩笑之前，我希望问一问，当年作为一个有志青年，当时我们的中国在您眼中是什么样的？

或许您会觉得，当时的中国就那样，不好也不坏。刚好能够解决温饱问题而已。您当时可能从中国近几次与外国人战斗的胜利中知道一些外国国家的名字，或许您根本不知道，因为您没有电视。即使从报纸上知道了一些，却觉得这跟您并没有什么关系。您还要让家庭脱离贫困呢，您也许只是觉得国家会越来越好，而不知道国家的命运会走向何方。现在，让我来告诉您，国家到底有多大变化！

现在的中国已经与国际接轨，在您的那个时代往后十九年，夏季奥运会在北京举行，或许您不知道奥运会举办意味着什么，简单来说，就是中国已经让全世界的人瞩目了！这仅仅是一个开始，奥运会之后的两年，在上海举行了一场轰动全球的展览——上海世博会。这次展览向全世界人民展现了中国雄厚的实力与宜人的景观。让世界知道，中国，这头沉睡的雄狮，又重新站起来了。无论在哪一方面，我们中国都不比别的国家弱。世博会后，我们国家奇迹不断，钢铁水泥产量世界第一；中国高铁令世界赞叹，我们已经是世界第二的经济大国；孩子们再也不用担心吃不饱饭、上不起学了！在您三十年后看到的奇迹，是中国人的汗水与智慧克服了重重困难建造的港珠澳大桥，一座横跨香港、珠海、澳门的超长大桥巍然屹立于海上，既方便了人们的出行，也向世界骄傲宣布：中国，有世界超强的建设能力！

现在的您是不是难以相信，我们的国家日后有这么伟大的发展？没关系，等您长大以后就不会再惊讶了，这是大家共同努力的结果，特别是您这一代人，勤劳拼搏创造的，这一切，是我们应得的。

此致

敬礼！

您未来的宝贝儿子

敬上

2019.4.20

★葛竞点评★

　　本文构思精巧，令人眼前一亮。站在今天的角度给三十年前自己的爸爸写信，这个想法是多么地新颖大胆，小作者站在一个全新的视角向我们展示了这几十年来的时代变迁与生活差异。全文的语言精练优美，主题鲜明，结构清晰，前半部分就好似小作者带我们穿越到了三十年前，而后半部分展现了国家近几十年的快速发展，充满了自豪与感动！

重过阊门万事非，青春做伴好还乡

段雨章　小学六年级　上海市

对于我的老家陕西，我既喜欢又不习惯。喜欢的是那里的一切让我感到好奇，不习惯的是那里的生活我还不适应。这不，今年我又要随爸妈去那儿过春节了。

走出航站楼的刹那，一个雪白的世界映入我的眼帘，漫天的雪花飘飘洒洒，像九天仙女撒下的玉叶银花，又像一只只正在翩翩起舞的白蝴蝶。

在汽车站，我还沉浸在过去乘坐黄包车时与人讨价还价的麻烦中，完全想象不出现如今会有新建的汽车站台和长龙般整齐排列等候的出租车。当车子驶离高速时，原来路边那种低矮的平房少了，代替它的是一栋栋拔地而起的高楼，有的旁边还矗立着塔吊，像威武的钢铁巨人。时不时看见路边有一些卖水果或者年货的商贩，给单调的行程带来一些温暖。几番换乘，终于就要到我的老家了，我已经隐隐约约感受到爷爷奶奶正围在火炉旁问我的学习怎么样，得了几次奖。不过有段坑坑洼洼的泥路会颠得我呕吐，想着想着似乎真的要晕车了，我紧紧抱住了妈妈。

妈妈问："宝贝，见到爷爷奶奶是不是很开心呀？"

爸爸更是打趣地说："今年再带你到麦地里练习跑步。"

说说笑笑中，我的担心并没有发生，甚至没有感受到跳舞的车子，没有下车走过泥泞的小路，甚至连路边干枯的野草也躲藏起来了，我们沿着宽阔平整的水泥路顺顺利利地进了村子。我早看见爷爷奶奶等在通向家门口的路上，迫不及待地跳下车跟着爸爸就奔了过去。这里的年味比之前更浓了，几乎家家户户门口都贴着春联，爷爷奶奶还有我不认识的人脸上堆着笑，操着我不太熟悉的方言欢迎我，我"嗯嗯啊啊"答应着，拉上爷爷奶奶欢笑着，跳跃着。爸爸一边跟人打招呼，一边提醒我叫"叔叔、爷爷"，还翻译着我听不懂的话。

我家不仅挂着春联，还挂着红灯笼，热烘烘的房间里摆满了苹果、瓜子和糖果，叔叔婶婶忙不迭地给我们打来水洗手。大人们喝茶说话，我追前赶后看羊儿，狗儿，鸡儿，还有呼呼叫着的鼓风机。短短半天我有了很多新发现，厨房里半人高的大缸不见了，取而代之的是一个冰箱，自来水直通洗菜的地方。阁楼下新建的卫生间宽敞漂亮，还安装了浴霸、淋浴器和洗衣机。小狗摇着尾巴跟着人走，鸡架上新下的鸡蛋又大又温暖。我不禁感叹，农村的变化真大呀！

有天吃过午饭，爸爸妈妈带我去逛集市，集市也不像以前只有露天的，现在也建有一排排的门店，时鲜的蔬菜瓜果琳琅满目，有青翠的辣椒、鲜红的番茄、白里带红的洋葱，还有各种水果等。鞭炮、春联、小吃等摊位点缀其间。商店的货架上摆满了大礼包，有名的没名的都包装鲜艳。集市上你来我往，人头攒动，吵吵闹闹，热闹非凡，每个人的脸上都洋溢着节日的喜庆。

终于等到大年三十的晚上了，农村的夜空早早就出现了小星星，跟这些小星星一起肆虐的是那烟花和鞭炮，星星闪闪，此起彼伏，一直蔓延到深夜。我们就在这样的气氛中开始了年夜饭，叔叔婶婶早早摆好了一桌子的菜，奶奶端上了热气腾腾的羊肉饺子，爷爷还拿来半瓶白酒，爸爸进进出出准备桌椅。妈妈说这是新年第一顿饭，我们这天许下的新年愿望都会实现。我的愿望是什么呢？我想起院门口那斗大的"家和万事兴"几个字，又感叹于农村翻天覆地的变化，我希望大家都能幸福安康，爷爷奶奶能够在国家前进的脚步中安度晚年。

　　一年中有许多个节日，有缅怀祖先的清明节，领略世界的美洲节非洲节，展现童话世界的六一儿童节，而这个充满年味的老家春节，因为它不同于过去，又带给我惊喜的现在，我都无法想象它的未来，会不会让我铭心刻骨。

★葛竞点评★

　　文章开头新颖，通过"喜欢与不习惯"这对对立之词，先声夺人，激起了读者读下去的欲望。整篇文章的叙述自然而又生动，描写细腻并且生活气息浓厚，遣词造句句句准确传神。文章中还多次运用了比喻等修辞手法，活泼明快，富有情趣。立意也很深刻，通过对老家的变化的描写，展示了"陕西老家"这个地方的魅力。

七十二变的"牛魔王"

段国彬　小学三年级　西安市

　　我的爷爷属牛,是一个很威风的"两杠四星",我总是叫他"牛魔王"。爷爷年轻时见多识广,走过了全国的很多很多地方,他常说没有他不熟悉的城市。我因此很崇拜爷爷,觉得他比"牛魔王"还要有本事。

　　我最喜欢旅游,可是每次爷爷都懒得出门,他总是说,这些城市他都很了解,不是帮助这座城市救过灾,就是帮助那座城市修过路。终于有一天,我们说服了爷爷和我们一起自驾来到了他的家乡杭州。车子行驶到了杭州湾跨海大桥上,一望无际的海面上波涛滚滚,一座蜿蜒的大桥躲进雾气之中,就像一个巨人站在天边,从海中央伸出手臂来迎接客人。这时,本来在打盹的爷爷,一下子支棱起身子,戴上老花镜,趴在车窗上瞪大了眼睛,他呆呆地看了好几分钟说不出话。我心里知道,爷爷是想问我们这是什么桥,可是作为家里的"百事通",爷爷不好意思主动开口问啊!我偷偷地笑了,贴在爷爷耳边,悄悄告诉他这是世界排名第三的大桥,是我们中国人自己修建的。这时候爷爷瞬间就变成了"十万个为什么",不停地问我各种各样的问题,我只好打开手机百度为他解答。平时无所不知的爷爷,此时就好像是刚刚孵出蛋壳的小鸡,东瞅瞅,西望望,不停地拍照,好奇极了!他一边拍照,一边激动地感慨:太神奇了,太不可思议了!这真的就是毛主席说的"天堑变通途"啊!

看到爷爷这么不淡定，全家人都忍俊不禁，欢乐的笑声一路随着海风飘散。

从杭州回来之后，原来喜欢安静养花赏鱼的宅男爷爷，开始整天吵嚷着要出去游览，他总是喊："变化这么大，我要去看看！"

看到爷爷从不出洞的"牛魔王"变成了爱游逛的"孙猴子"，大家都觉得很有趣。我们带着爷爷登上了高耸入云的上海中心，平时不苟言笑的爷爷几乎惊掉了下巴，在观光台上又笑又叫，比刘姥姥还兴奋。我们还去了香港和澳门，英国风格的街道上有很多霓虹灯闪烁，爷爷流下了眼泪，却又带着笑喃喃地念毛主席的词："当年忠贞为国酬，何曾怕断头？如今天下红遍，江山'有人守'！"我们还去了重庆，爷爷看到当年的破旧码头洪崖洞，如今熙熙攘攘热闹非凡，他开心得就像春天的小麻雀一样，窜到这边吃点糖果，又挤到那边尝点烤肉。

自从旅游归来后，爷爷就像变了一个人，天天追着让我为他讲解各种新名词，什么"港珠澳大桥"，什么"大飞机"，什么"一带一路"，什么"六D立交桥"……爷爷真的变了，变成了我的小学生。

我更喜欢现在的爷爷，因为他看起来是那么兴奋，那么满足。我以后一定要带爷爷走遍祖国的大好河山，让他看到我们国家翻天覆地的变化！

★沈石溪点评★

小作者从身边的亲人写起，以爷爷的转变：从不出洞的"牛魔王"变成了爱游逛的"孙猴子"，侧面反映了国家翻天覆地的变化、祖国的日新月异。而本文另一条隐含的情感线索是全家人对爷爷的孝心，也让读者感受到了这个家庭浓浓的亲情爱意。新时代洪流下一个小家庭的幸福生活，是这个时代最好的侧写和缩影。

张爷爷的新时代

段薇彤　小学四年级　北京市

随着时代的发展，我们的生活出现许多的变化。作为一名小学生，我总觉得这些变化遥不可及，直到我听了张金哲爷爷的故事。

北京儿童医院的张金哲爷爷，今年已经有九十四岁高龄了，却仍坚持为小患者看病、做手术。

我恳求妈妈，希望能去看看张爷爷。妈妈同意了我的请求，带我来到了医院。

到了诊室前，我透过门缝往里看。只见张爷爷正指着手机上的小猪佩奇给小朋友看。他把手机递给小朋友，和蔼可亲地说道："你来看这个，让我看看你的小肚子！"话音刚落，张爷爷便掀开小朋友的衣服，一丝不苟地查看着。小朋友也专注地盯着手机屏幕，看得不亦乐乎。

查看完毕了！张爷爷拿出小便笺记录着，并向小朋友的家长叮嘱注意事项。

妈妈告诉我："在小儿科刚刚创建的时候，都没有做手术的工具呢！""那张爷爷是怎么工作的呢？"我问。"张爷爷刻苦钻研，坚持不懈，精心研制出了张氏钳、张氏剪。当时张爷爷也没有手机给小朋友看……"妈妈回答道。

随着妈妈的讲解，我的脑子里渐渐浮现出了当时的情景。张爷爷正变着"魔术"。他拿着手电筒，一会儿开，一会儿不开。小朋友不再哭闹了，好奇地望着张爷爷手里的手电筒。张爷爷将手电筒递给小朋友。小朋友摁着开关，开心地玩着；张爷爷则掀起小朋友衣服，仔细地检查着……

现在，张爷爷可以利用手机哄小朋友看病了；也可以远程指导医生手术；也可以使用机器人呢！时代的变迁给人们带来的变化可真多、真大啊！

我为祖国的发展强大而自豪！为自己是中华儿女而骄傲！我暗下决心，要传承中华民族的优良传统，努力增长本领，为新时代贡献自己的力量！

★葛竞点评★

小作者的想法独特，通过一个高龄医生给小朋友看病的故事从侧面展现出了这个时代的高速发展。小作者有双爱观察的眼睛，许多细节的描写真实朴素，但又生动形象，颇具匠心，极富功底。文章的语言虽然不华丽，但却极为准确，情感丰富又细腻。文章结尾充满了激情，字里行间体会到了小作者有一颗爱国之心，读起来情绪激昂，令人精神振奋。

奔向新的未来

侯静怡　初中二年级　北京市

　　"床头屋漏无干处，雨脚如麻未断绝"是我小时候遇上下雨家里真实的写照。每到那时，我总会看到长辈们手忙脚乱地拿着大盆小盆跑到阳台、过道等一切露天的地方，快速地舀起一盆，泼到街上。当时懵懂无知，也不太知道为了什么，只是觉得很有趣，五六岁的我总是站在一旁看着他们"热火朝天"地舀水，有时帮他们递个东西什么的。每逢下雨必如此，每次长辈都会累得筋疲力尽。在那段村子里生活的时光里，除了上学，我似乎很少到远的地方去，就像在大山里生活一样，对世界没什么认识，就知道自己的家和邻居的小朋友。

　　记忆犹新的是一次和长辈一起在家看电视，那会儿新闻一直在讲2008年奥运会成功的事。当时楼下正好路过修锅的三轮车，车主是外地人，他吆喝道："修理电饭锅，换底——"不知是他的口音太重，还是我对奥运太感兴趣，我就听成了"奥运会，电饭锅——"，还为此高兴了好久。

　　后来我上二年级时，正好赶上了"7·21特大暴雨"，当时正好在外面。我和爷爷站在离家最近的公交车站，心里不知如何是好。看着倾盆大雨，我哭了好长时间。当时的雨，已经没过了膝盖。后来我奶奶骑电动车把我接回了家。在那个漆黑冰冷的雨夜，我第一次知道了什么叫恐惧。

过了两年，我家那片就开始拆迁了，我们一家搬到了城里生活，住进了高楼大厦。即使再赶上大雨，优良的排水设施也会避免当年那种情形的再现了。更多的，是在灯火通明的家中，望着漆黑的外面和哗哗的大雨。有种身处广厦，"风雨不动安如山"的感觉。

是中国日新月异的飞速发展，努力增强的各项设施和各种为民政策使我能够更加安全幸福地生活、学习。而国家举办的各项活动，如国庆阅兵、冬奥会、博览会等，也让我们进一步增强了民族自豪感，更加愿意为祖国贡献自己的力量。这样不断回环往复，从国利民到民利国，我们的中国将会在新时代的鞭策下更加坚定地向前。而我们青少年一代，也会更加激昂地准备奋斗，为祖国这幅流光溢彩的画卷再添上满是荣光的一笔！

"为中华之崛起而读书！"

★葛竞点评★

文章的开头就是一句古诗，文中也运用了许多华丽的词句，可以看出小作者是一个读书很多、文学素养很高的同学。整篇文章叙述得自然生动、结构紧凑，突出了"时代一直在变化"的中心主旨。小作者在文章的最后还对主题进行了升华，铿锵有力地表达了自己要随中华崛起而奋斗的思想感情，令人振奋。希望小作者能够努力加油，不忘初心！

海螺声声

娄曦月　初中一年级　郑州市

呜嘟——呜嘟——低沉的海螺哨声把黄昏吹得悠长。

是一个老妇人，靠在海边停车场石礅上叫卖着。她边吹着海螺哨，边用手拨动着竹篮中的玩意儿。走近了些，瞧见她篮中的都是些海螺做的小玩具。

大都粗拙。甚至有些用贝壳黏合起来的小摆件缝隙中还能看到多余的热熔胶。

见到人来了，妇人抬了抬头，张了张干瘪的厚嘴唇："妮妮，看看想要什么哩？"说着撩动了被风吹得凌乱的发丝。我看中了她手中的海螺哨——它似乎比其他篮中物要精巧许多。咖色的外壳上长了些尖锐的刺。盘成一个手掌大的样子，在最底部有一个红色的咬嘴。

老妇人说，这海螺不仅能吹，还能听到大海波浪的声音。说着便把它捂在了我的耳朵上。见我微笑，她也笑了。

细密的皱纹如同水波，荡荡漾漾，在她的眼角散开。

准备付款时，我以为她会从某个口袋拿出钱来，并仔细拈着皱乎乎的纸币找钱时，她竟从篮子下抽出了一张支付二维码！

我停住了手中找现金的动作，疑惑地看了看二维码，又看了看妇人针脚拙劣的布衣、污黑的塑料拖鞋和布满油污的双手——这是贫穷人独有的特征吧？

老妇人似乎看出了我的疑惑，低头掏出了一部智能手机，虽然有些破旧，但这足以令我惊讶。她站起身，伸直了有些僵硬的双腿，摇了摇手中手机："这年头！俺可也得跟住脱贫的步伐哩。"

"俺儿子上大学，俺可不能拖俺儿的腿！"她终于努力地直了直驼着的腰背，"一天卖二三十个，每天可以得可多钱嘞！"她掰着指甲里藏有的脏灰泥沙，之前干涸呆滞的双眼忽地像被灌满了清泉！

她摇了摇二维码，操着方言嘟哝："回家喽……卖完回家喽。"二维码里藏着希望，黑方块里埋着憧憬。

付完款，她拎起竹篮，吹起了海螺哨，小步小步慢吞吞地往落日的方向走着……

呜嘟——呜嘟——沉默的云遮盖不住光芒！

★葛竞点评★

小作者以小见大，仅只用到了一个"二维码"的元素，就展现出了时代变迁对人的影响。这篇文章语言质朴，情感细腻，细节描写非常到位，将老妇人卖小玩具的这件小事娓娓道来，令人回味无穷。文中的老妇人极具性格特点，这与小作者平时的语言积累是分不开的。另外，我们不难发现小作者一定是一个对生活有心的人，这样才能写出如此真实的故事来。

外公变了

洪士哲　小学六年级　上海市

在这个飞速发展的时代，手机已经成了每个人的标配：出门可以不带钥匙，不带钱包，不带公交卡，但是，绝对不能没有手机，因为，手机可以解决你所有的问题。家里灯没有关，手机一键远程遥控搞定；出门没有带钱包，二维码扫起来；公交卡没带，没关系，手机各式解决，还能打折呢……不得不感慨手机的强大功能和魅力啊！

可是，我的身边就有这样一个人，这么多年，拒绝拥有一部手机，甚至拒绝使用手机，这个人就是我的外公。他今年七十岁了，年轻的时候经历很丰富，自我感觉超级良好，总是认为：人定胜天。所以，出门靠走路，买东西准备好鼓鼓的钱包，手机，根本不屑一顾。就是这个倔老头，终于因为一件事情，被迫用上了手机，而且一用一发不可收。

事情要从一年前讲起。有一天天气很热，外公像往常一样出门买菜，可是时间已经接近晚饭，还没有看到他回来，大家都很着急，因为外公有哮喘，而且没有带药。时间一点一点过去了，外公依然没有回来。大家开始坐不住了，外婆出门去小区找了，妈妈到门口的菜场超市，爸爸沿着外公经常散步的马路去找，依然看不到他的身影。我们心里七上八下：不会是哮喘病发作了吧？可是菜场那么多人，应该也会有人发现打个电话吧！对了，他没有手机，更记不住我们的手机号，人家也没法打电话呀……报警吧，没有二十四小时，警察应该不会受理吧……正在大家胡思乱想的时候，外公乐呵呵地进门了，原来在菜场遇到了几十年前的老同学，两人到茶馆聊天去了！虚惊一场！

　　这都是没有手机惹的祸。如果有手机，外公打一个电话我们也不至于这么紧张。于是第二天，我们硬是塞给外公一个新的手机——出门必须要带好，否则不许出门！刚开始，他还很拒绝，后来被监督之下也无奈带在了身上。慢慢地，我发现，外公会打电话了，会发短信了，后来当他听到我打游戏时发出的声音，也会凑过脑袋来看上一会儿。现在，外公每天居然会拿着手机煞有介事地给我们播报新闻，也会传播一些朋友圈里转发的"养生之道"，比如菠菜和豆腐一起吃其实并没有事，食物掉在地上七秒之内捡起来还可以食用（现在时间更新到了三秒）……

　　有一天，我们全家开车去超市进行大采购，离开停车场的时候尴尬了，大家都没有带现金——停车费……关键时刻还是可爱的老外公，慢悠悠拿出自己的手机，不屑地嘲笑大家："现在谁还付现金啊，来来来，来刷我的支付宝！"伴随着一阵哈哈哈得意的笑声，我们不禁相视而笑。一脚油门离开了停车场！这是多么大的变化啊，想当初外公连打个电话都不会，现在已经是手机使用达人了，真是要手动给他点赞了。回家的路上，外公给我们讲他们年轻的时候，电视机都没有，看电影也没有钱，为了省几毛钱的电影票，不惜翻墙进去，还被看门的大爷放狗出来追着到处跑。后来慢慢有了黑白电视机、彩电、等离子、液晶，现在居然什么4K什么VR，真是跟不上变化的节奏啊！当初谁能想到，现在不带钱可以走遍天下呢？

　　科技正在改变着我们的生活，让我们的生活更加便利，更加舒适，保不准我们就不需要再学英语了，因为我可能会发明一块芯片，而这块芯片能够让我听懂全世界的语言！哈哈哈哈，当然，要想有这样的发明，我还是得好好学习很多的知识，就像外公认真学习使用手机一样！

这篇文章所展现出的外公是全面的，人物形象丰满、真实，富于生活气息。文章虽然不长，但是对外公前后所做出的转变叙述得很清楚，也从侧面展现出了小作者对生活情趣的挖掘。文章语言平实，叙述自然，结构紧凑，通过对话的细节突出了人物的性格特点。从这样的内容里看到了小作者对于生活的热情，看到了他那颗喜欢观察生活的心。

"飞嫂"炼成记

徐子盎　小学五年级　西安市

　　三十年前，东方晨曦微露，清凉的空气中夹杂着鸡鸣狗吠声，陕西省富平县的一个小村里，一个瘦瘦高高的中年妇女，一脸的疲惫与愁苦，左手提着不锈钢小桶，右手拉着扎着两个小辫睡眼惺忪的小女孩，麻利地打开木门，深一脚浅一脚踩着飞起的土面面朝着巷子里"飞"去。

　　这是我在老家的旧书堆里发现的一篇文章里看到的情节，写这篇文章的是我的妈妈，就是那个扎着两个小辫的小女孩，中年妇女是我的外婆，她的不锈钢小桶里装满了刚刚挤的羊奶，这是一家人今天的生活来源，可能是两元，也可能更少。外公在一次帮人拆墙过程中意外被埋，受了重伤，身体残疾，生活的重担全部落在外婆的肩上。外婆很坚强，养奶山羊，种萝卜白菜大葱，没日没夜地忙碌。她走路特别快，一般人都赶不上，健步如飞，所以村里人都叫她"飞嫂"。

　　妈妈在作文里写道，有次周日清晨外婆准备去卖萝卜，刚刚站在院子里，突然头晕恶心，吐得一塌糊涂，等邻居将她送到医院才知道是累过头了，休息了几天就好了。外婆最拿手的菜就是炒鸡蛋，每次有一两个鸡蛋，外婆总是小心翼翼地把鸡蛋打碎在碗里，给里面搓上许多馍花，搅拌均匀炒好，给每个孩子分上一点点，把大家吃得开心极了。

外婆有个毛病，非常不喜欢孩子，孩子太多，养不活呀，就那样，连打带骂，把四个臭孩子哄大了，都上了大学，都有了工作，都有了自己的小家。

2008年我出生了，外婆说从第一眼看到我的时候，她就很喜欢我了。浓密的睫毛，黑亮的大眼睛，圆圆的脸蛋，胖乎乎的小手……哪哪都可爱，看着我，她就有好心情。

还记得那年去河南玉溪大峡谷漂流，外婆他们一群大朋友两两成组坐在皮筏子上出发了，我因为年龄太小而不能参加漂流，就和妈妈站在岸边看着他们漂。看到他们打水仗，我拿着水枪就冲过去，要不是被妈妈拉着，肯定要掉到水里了。一番"互射"下来，大家一边擦脸上的水，一边笑得直喘气，外婆玩得特别开心，妈妈说从来都没有见过她那么笑过，竟然也没有生气我把水射在她脸上，岸边和水里的距离好像一下子就被"射"没了。

三岁半的我非常爱吃鸡翅，外婆做了啤酒鸡翅请我吃，我一下子吃了五个，吓得妈妈赶紧把鸡翅端走。不过，鸡翅的美味还是给我留下了太深刻的印象。放寒假了，我跟妈妈一起到外婆家，每次她收拾卫生，我总是喜欢跟在她后面，不停地叫："外婆外婆，咱们玩这个，咱们玩那个……"见她在忙，顾不上跟我玩，我的小手就拉着她围裙后面的系带，小嘴嘟起，"呜呜——开火车了！"反正就是挂在她后面，她走到哪儿，我跟到哪儿了。这种感觉很奇妙，一种被依赖的甜蜜感让外婆心里的快乐满满的，要溢出来了。

现在每次回富平老家，外婆总是让我教她抖音怎么拍视频、快手如何点赞，看她的抖音里有许多她自编自演的歌曲，歌颂毛主席，歌颂共产党和给习爷爷的歌，我偷偷告诉妈妈，外婆也太与时俱进。她太忙了，没有时间陪我们，身穿黄亮亮的环卫服，脸上笑开了花，开着她的环卫小车，在家门口的绿化带旁清扫卫生。外婆说她一个月有两千多元的收入，吃不了花不了，也不要我们给她的生活费。

看着忙碌的、幸福的飞嫂，我们都为她高兴。妈妈说，希望外婆永远健步如飞噢。

★西篱点评★

这篇文章里有很多故事细节，比如年轻时的外婆带着还是小女孩的妈妈深一脚浅一脚踩着飞起的土面面朝着巷子里"飞"去，比如"我"拉着外婆围裙后面的系带把外婆当火车头，比如外婆身穿黄亮亮的环卫服，脸上笑开了花……作者很善于描写细节，用细节来带动故事，将不屈服于苦难、永远抗争、永远勤奋劳作的"飞嫂"外婆的形象刻画得生动感人。

将商品卖到国外去

殷家琦　小学六年级　西安市

1. 我真的只是个小贩吗?

他叫水子，2014年年初，他来到了西安。他就是一个普通的商人，按照水子的话来说，连商人都不是，就是一个普通的小贩，在钟楼的旁边卖些自己做的小玩意儿，挣些血汗钱，勉强养活自己，这就够了。可他不知道，一个伟大的时代已经到来了。

2013年9月习总书记出访中亚，提出"一带一路"想法，"一带一路"贯穿欧亚大陆，连接东亚、欧洲经济圈，中国的经济发展潜力巨大。

"水子，知道吗? '一带一路'已经开通了，我们的小玩意儿可以卖到国外去了。"同行小保这样兴奋地说。"怎么可能，就我们!"水子自我解嘲道。他压根就没当回事。

2014年2月，水子架不住小保的絮絮叨叨，注册了一家网店，专卖纪念品。

2. 上海，人生之路的起点

水子的小店有人光顾了! 水子不相信，他躺在安置住房的钢架床上，拼命地摇晃着功能机，叫来小保，告诉他已有三百余人来过网站了，水子还不相信，他狠劲捏了一下自己的大腿，惊叫了一声"哎哟"，这才明白，这不是个梦，是真的。

水子的小店因为做工精良，质量好，很快收到了不少的订单，水子忙起来了，他用这些钱招了一些工人，教给他们方法，水子拥有了一个小工厂。

再过一个月，贫穷不再限制水子的想象了，在2014年4月，他拉着小保去了一趟上海……

3. 这么大的城市，我也想住在这里

到了上海，水子真的折服于这个伟大的城市了，那一座座高楼大厦，那个耀眼的东方明珠，以及那些玻璃倒映着的阳光，无不使水子心醉神迷。"上海，我也想住这里，当那种小方块里的人。"水子说的那些小方块，指的就是那些写字楼。

由于上次的一见钟情，水子几乎倾尽所有，来到了上海开了他有史以来的第一家分店，卖的仍然是纪念品，只不过，有了上海的"东方明珠"等别的纪念品。

这次，水子多了个心眼，增加了服务"可以在商品上绣上自己的名字"。这下很多游客都来水子的店里买纪念品，绣上自己名字。"真的不知道他们为什么这么喜欢，不就是多了个名字吗？"闲时水子自己嘟囔着，不过很快他自己又笑了，"能走到这一步，已经不错了。"

4. 一线城市会布满我的足迹

水子开心极了，他尝到了甜头。于是，他信心满满地到工商局注册了自己的公司"你の纪念品"，并在北上广深四个地方都开设了分店，不知是因为那些有钱人都思念故乡还是什么原因，水子这

些朴实的略带乡土气息的物件大受欢迎。此时，水子的团队已经是个一千人的队伍了，水子也开始小有名气，越来越多的人知道了水子，越来越多的纪念品流向了各地。

2015年1月，小保扯了扯水子的衣服："听说上海又建了中心大厦，我们一起去看看吧！顺便见见世面……"

5. 世界，有我的身影，我的企业

水子和小保在那一年走遍了世界，他们去了美国，看到了自由女神像；去了英国，见到了大本钟；去了巴黎，见到埃菲尔铁塔；去了埃及，见到了斯芬克斯和金字塔……

水子回来了，也带回来了一个伟大的梦想，他花了半年，考察了世界各地的风土人情，设计了一套套异国风情的纪念品，包含了他去过的所有地方。奇怪的是，他这个中国人做的产品，竟然比外国本土人卖得还好，他通过"一带一路"的交流，将产品卖向了世界各地，他将世界变成了叫地球的大国，他成了全世界互通的一部分。

他成功了。

6. 尾声：我的成功

当我写下这篇故事时，水子已经是个中年人了，他不再是那个自卑的小商贩了。他已经成为一家公司的创始人了。他对我说，要不是"一带一路"，他现在还是那个钟楼下的小贩，他十分感慨……

时代在进步，科技在不断地发展，"一带一路"又造就了多少个水子这样的人呢！

★西篱点评★

这真是一个美好的故事！作者用短短的六个小节，就高度概括和浓缩了水子从小贩到现代企业家的奋斗历程，他的创意产品从西安卖到上海，又沿着"一带一路"的路径，销售到世界各地，也把中国文化传播到世界各地。作者掌握了一定的叙事技巧，行文干净简洁。透过水子的故事，我们似乎读到了一部励志的人生大书。

我的外婆被手机"俘虏"了

唐铭泽　小学四年级　重庆市

　　我的外婆是一个六十五岁的时髦老太太，她什么新事物都喜欢就是不喜欢手机。为了方便接我放学，妈妈给她配了一台智能手机，于是她和手机的博弈就开始了！

时间坐标：2016年4月20日

　　"嘟嘟嘟……对不起您拨打的电话无人接听，请稍后再拨。"开开心心放学出门的我立马给外婆打了电话。唉！又是无人接听！我心里冒出了无数个问号：外婆又没带手机吗？难道是没充电吗？难道还没学会接电话吗？今天我又会站在校门口苦苦等待多久呢？……一串串的问号急得我冷汗都冒了出来。唉，没办法我只得傻傻地等待我那"不屑使用"手机的外婆。我站在最显眼的大门口，无遮无挡，烈日晒得我满头大汗。打量四周，站在一棵大树下和别人聊天的那是谁？哎呀，真是我外婆！我急忙向她冲去。外婆刚拉住我的手就关心地问："怎么才出来啊？"我无奈地摇摇头说："外婆你真的需要学着用用手机啊！"

　　外婆笑着说："不是没接电话也能接到你嘛。何必麻烦呢！外婆带个手机还得戴个眼镜多麻烦啊！"原本一件挺方便的事在外婆这里却成了麻烦，谁说教她，她都可以用麻烦搪塞。真是拿她没有办法！好吧，明天放学大树下见吧！

时间坐标：2018年4月20日

晚上，妈妈又坐在沙发上开始网购了。"妈，这件衣服你穿上保准年轻十岁！""网上的衣服不能买，会上当！""好看，还便宜很多哦。"外婆终于在妈妈的"诱惑"下好奇地凑了过去。虽然外婆也觉得很好看但依然非常抵触地说："不用了，不用了，我自己去商场里买放心些。"妈妈劝道："夏天的时候外面多热呀，手机上点下单隔天就会有人给你送过来。多方便啊。"于是，妈妈拉上外婆开始网购，先点进淘宝，再搜索你想要的东西，接着放进购物车，最后支付，就可以在家安心等着了。外婆没说话，不过我看得出她很有兴趣。没几天东西到家了。外婆穿上出门邻居都说好，外婆得意地向邻居们炫耀："这是我从淘宝上买的。"咧开的嘴，扬起的眉，自豪得很。从那以后外婆变得好学了！怎么搜索最准确，怎么打字快，怎么判断网购的真伪好坏……问题比我都多！在妈妈的耐心指导下，外婆终于学会了如何网购。而且最近每天晚上都还要坐在沙发上和外公一起讨论网购，嗨得很啊！

时间坐标：2019年4月20日

"外婆，外婆，手机虽然很好，但是看久了可对眼睛不好啊。""对呀，我怎么忘了！"外婆恍然大悟，赶忙拿起手机去搜索如何保护眼睛。她百度到手机蓝光是伤害眼睛的罪魁祸首。还下载了不少的食谱来保护眼睛。几天后，外婆用起了蓝光眼镜吃上了护眼营养餐，俨然一个网络专家的样子，操作熟练又准确！

熟练使用4G手机后，外婆那可不一样了。不断摸索着手机的新功能，还和外公一起把眉山的老朋友全加到微信好友里面，谈天说地心情快乐极了，人也年轻了好几岁。他们还学会了发朋友圈，学会了分享知识。最近还开通了支付宝，出门乘车购物只带手机和眼镜，逢人便说方便方便，还当了很多老年人的手机老师，一天充实极了！我想她已经被手机"俘虏"了！

我的外婆被手机"俘虏"了。她精神比原来更好了，她朋友比原来更多了，她和我们聊天更多了，她过得比原来更自信开朗了。哈哈，对我而言，再不会在校门，晒着太阳等她了。

我得感谢手机，征服了我可爱又爱学习的外婆！

★西篱点评★

从拒绝手机到被手机"征服"，六十五岁的外婆越过了与家人沟通互动的障碍，变成了"手机达人"，成为一个自信开朗的时髦老太太。作者具备了一定的讲故事的技巧，以线性的时间来讲述外婆的"成长"和变化，文章简短而内容丰富，对外婆的描述准确到位，人物形象立体生动，难能可贵。

返乡

姬墨妍　小学六年级　成都市

　　2043年春天，"一带一路"政策提出三十年后，我结束了亚洲基础设施投资银行在伊斯坦布尔分行两年的工作，打算回到北京暂时休息一段时间，秘书给我订好了返程的特快机票，二十年前，伊斯坦布尔飞北京至少需要十四个小时，而现在只需要两个小时。

　　上午8点钟我准时上了飞机，人形智能空乘人员自动带领旅客找到座位，并按时提供饮料和甜点。这种特快飞机给"一带一路"沿线各个国家的交通提供了便利，带来了经济水平的大幅上升。上午10点，我下了飞机，智能行李传送装置已经把我的行李运送到了我提前预订的无人驾驶的汽车上，半小时后便来到了我家楼下。

　　到了楼门口，一台人体体温识别器把我拦在门外，因为它没有检测到我的体温数据。我赶紧打电话给妹妹，她急忙跑下楼来对我说："这是你不在的时候新换的楼门门禁系统，还没有录入你的体温呢，这是巴基斯坦研发的产品。"我一想，这正是五年前我们亚洲银行给巴基斯坦投资的那个项目，并且提供了相关的技术，现在有许多国家都想购买这个专利，已经获得了二百亿美元的收益呢。这时，妹妹已经打开门禁，帮我拎行李上楼。

　　一进家门，爸爸妈妈给了我一个大大的拥抱，机器人管家"小墨"把行李接过去，就去准备午餐了。妈妈就打开话匣子，对我说："你还记得你小学时和你关系最好的那个同学崔馨予吗？她现在是'一带一路'物资出境检验局的局长了，负责检验运往'一带一路'沿线各国的货物。"爸爸说："还有怀敬月，现在是中国移动驻几内亚的网络总工程师，建设了覆盖几内亚及周边各国的移动网络。你们赶上了好时代，都是有出息的孩子。"我也和爸爸妈妈聊起了这两年紧张的工作。聊完天儿，"小墨"叫我们去吃饭。午饭有太空培育的蔬菜和新鲜羊肉，从内蒙古养殖基地到餐桌只要三小时，还有我最爱的红烧肉，是妈妈做的，只有我们一家人在一起才能享受这种快乐，还是家里好。

这次回家更让我感受到"一带一路"政策给中国和沿线国家的经济发展做出的伟大贡献。三十年的变化天翻地覆，国家间实现了协同发展，我们的未来将更加美好。

★葛竞点评★

看得出来，小作者是一个非常有想象力的同学。整篇文章就是建立在未来的基础上展开的想象。文章的语言清新活泼，想象丰富但却没有脱离实际，体现出了小作者深厚的文学积累。文中还结合到了时事热点"一带一路"，将时代的发展展现得并不突兀。结构上转合自然无痕，立意上积极向上充满亮色，简单又纯粹。

铁匠

黄梓森　初中二年级　成都市

（一）

小王家乡在农村，村里有一个有名的铁匠家族，叫作王铁家族，技艺精湛。村里人都常常找这个家族的铁匠，村里无论什么活儿，对于这家人，都不在话下，生意可火了，日子也挺风光的。

可是，到了王五铁这代，似乎这活儿就断了。自打二〇〇九年起，王五铁从村里消失了，问他家人，家人也不说，只是笑一笑，"王五铁胸有大志，南漂报国去了哩！"村里人都纳闷。难道这王铁家族就要从第五代这里垮台吗？

小王的爸爸叹息道："唉，以前那家打铁的人，做得挺好，怎么说没就没了。"

"以前怎么好啊？"小王心中有些好奇。

"哎哟，你不知道，那个年代，我们穷啊，条件差，没什么钱买高档的农具，他就给我们打，价格低啊！"

"真的吗？"

"是啊，有时候还免费。而且那时自行车很少啊！条件优越一点的人家有一辆，其他的根本就骑不起。"

"真的不敢想象，现在共享单车这么多。"

"可那时铁匠那家可好啊，他还自己做自行车，心灵手巧，低价卖给我们，我们整个村子当时都感激他们啊！"

（二）

过了十年，在二〇一九年，王五铁竟然回来了。身上还挂满了形形色色的勋章，像是衣锦还乡，这真叫人疑惑啊。可是，头发掉了许多，剩下的全是白的了，脸上皱纹布满啊，一副老态，哪里像个壮年之士啊！

他的脸、皮肤，都晒得黝黑黝黑，人们问他，怎么晒的，他说："天天在海边，怎么不晒黑。"

人们又纳闷了，十年到海边去干吗，他说："修桥啊！"

"在哪里啊！"

"广东那里啊！"

"修什么桥啊？"众人又问道。

"港珠澳大桥啊。"他得意了一下。

乡亲们当时还不怎么知道，可听他那一番描述后，一个个可就真的惊呆了。

（三）

的确，港珠澳大桥是中国的骄傲啊！目前世界上最大的跨海大桥。王五铁也成了一位港珠澳大桥建设的工程师。他回村后，已经不再仅仅是一个村里有名的铁匠了，更是一位大国工匠。不错，有许许多多的也像王五铁这样的人，他们也早早地离开了自己的故乡，奔波千里，为祖国贡献着，贡献着自己的青春，把自己生命中最美好的一切都献给了祖国，献给了新时代。

王五铁是个大国工匠，他回村后，很快开始建设自己的村庄，把许许多多的现代化科技引进到了村里。他检修的不再是农具，而是各种各样的现代化的智能农业机器。村民们早已经富起来了。

王五铁呢，他正带领着自己的农村，随着新时代的脚步，向着社会主义新农村靠近。

那么千千万万个像王五铁这样的青年呢？正在带领着千千万万个农村走向新时代！

★葛竞点评★

这篇文章结合了现如今的热点——港珠澳大桥，选材贴近生活，结构合理，流畅自然。对话虽多，但整个故事讲述得很完整，情感也是丰富而真实，王五铁的进步与发展其实从侧面突出的是我们国家的进步与发展。文章语言虽然不华丽，但准确而生动，并且主题明确。希望小作者可以继续保持对社会热点的关注并加以思考，相信你的文章将会越来越深刻。

商贩

曹云妍　初中一年级　成都市

我们小区外面的菜市场里有一个平淡无奇的卖水果小贩。他有着一身与城市格格不入的穿着与口音，我一直是怎么看他都看不顺眼。

傍晚，老妈逼我下楼买西瓜。刚走到水果摊，就发现那个小贩不客气地用他特有的大嗓门对着一个半贴着一位打扮时髦的女子身边的男人说："你干啥呢？对！就你，我说你个小伙子，好端端的，贴人家那么紧干啥，不热啊！"嘿，这商贩，真是的，没听过宁拆一座庙，不毁一桩婚吗？人家喜欢黏一起，管得可真够宽的。这都什么年代了，这水果贩莫不是思想封闭吧？要不是只有他一个摊儿，打死我都不来。正寻思着要不要回去时，他就瞧到我了。先是尴尬地一笑，挠了挠头就转过来招呼我。我挪了过去，指了指西瓜。侧着身瞅着他，让他称一下。趁他仔细看秤，我便仔细地打量起这人来。油油的短发配一张大众脸，略微泛黄的背心下鼓鼓的肌肉，卷起的裤脚下趿着一双人字拖。这样的装扮搁人海中绝对就是个路人甲。我觉得吧，他倒不像卖水果的小贩，像个刚摘完水果的农夫。

这时，好巧不巧，付钱的时候，手机上弹出一则消息——电量已耗尽，30秒后自动关机。我顿时无语地捂额，支支吾吾地说："老板啊，这个，我的……手机没电了。"与此同时，他一手拎着装有西瓜的袋子，另一只手翻了翻身旁的柜子，噼里啪啦地捣鼓一通，随即只见他那黑黝黝的手将一只充电宝递了过来。嘿！啥时候小商贩也配备高科技了！

充电的时光总是很慢，我着急地等着，毕竟还想早些回家吹空调。眼神就这样漫无目的地到处瞟，发现水果铺子里的高新设备不只有共享充电宝啊，还有能让水果显得更可口的LED灯、太阳能的电子秤、全自动一体化的炒板栗机，等等。看来这个老板并不是表面看起来那么土。这时，我又想起刚才那一幕，八卦之心已按捺不住地蠢蠢欲动，于是壮着胆子问他："老板，你刚才为什么骂那个男的？"他又只是笑笑，用手指了指墙角上的摄像头："我从屏幕里看到那男的把手伸进了旁边那个女孩儿的包里！应该在偷什么东西。我就吼了一下，没吓着你吧？""哦，哦，没呢。"我只是没想到这么一个思想封闭与城市格格不入的人却如此善良又与时俱进。

时代正飞速变化着，转眼间已是二十一世纪机械化、智能化的时代了。不论是农夫、小贩，还是我们，都紧贴着时代的脉搏。想想一个外表如此土气的商贩，为了生意兴隆都动用起了高科技手段，试着学习他从未知晓的理论，运用在自己的生活中。看来高科技并不只是知识分子的配备，它也可以服务于广大百姓，让大家的生活更美好！

★沈石溪点评★

小作者从身边最近的小人物写起，展现了时代发展洪流下一个普通水果小摊贩的"与时俱进"与"日新月异"，观察细致、描写翔实、情节完整，值得肯定。并巧用反差的艺术手法，丰富和立体了水果摊贩这一人物形象，有一定的巧思。小作者在故事中也有很多心理活动描写，在遣词造句上如能有更多的斟酌，就更好了。

奋发有为正当时

常佳瑾　初中一年级　太原市

改革创新，奋发有为。

——题记

不论在什么时代，时间总如白驹过隙，让许多人不禁感叹："还没好好感受年轻就老了。"年龄，成了限制一个人行动的最大阻碍。但年龄的界限，正在悄无声息地被打破。

老年有为，炳烛之明

我曾经的小学班主任，如果我没有记错的话，今年应该已经过了七十岁了。老师是典型的"那个时代的人"。教我们的时候，她身上穿的那件黑底白花的保暖衣，已经陪伴了她十五个年头。我们走到她办公桌旁边交作业时，总能瞧见那已经磨下了一层布的袖口，有的地方还依稀可以看出密密麻麻的针脚；黑色的线头开了好多根，都被用剪刀细心地剪掉了。也许老师是用这些线，补好了自己的袖口吧。

从另一方面来讲，老师也是"这个时代"的人。她从没有觉得自己老了。尽管在这个时代，有很多她没接触过的东西，有很多她没有接受的思想，但她总是尝试着去理解。课间活动的时候，我们总能看见她拿着儿子给自己买的手机，让同学教她发微信；或者教她用电脑、做PPT。老师那布满了皱纹的脸上，散发着一种激动，仿佛哥伦布发现了新大陆一样。

老师最喜欢的一句话就是："活到老，学到老。"

中年有为，日中之光

"将军坟前无人问，戏子家事天下知！"我们体育老师丢下这样一句话，扬长而去，留我们在风中凌乱。

本来好好的一节体育课，硬被老师上成了德育课。因为老师随口问了几个时政，我们都支支吾吾答不上来，于是就引发了老师排山倒海的"教育"。

"什么王者荣耀，当年我打英雄联盟的时候你还不知道在哪呢！"

"什么吃鸡，我打真人CS的时候你还不知道在哪呢！"

每当我们不服气的时候，老师总会用这样的话来"回怼"。但不得不说，老师说得有道理。因为他确实亲身践行了他说的话：他不仅是体育老师，还是一个救援队的队员；一边教书，他还在修习潜水，已经达到了助理教练的水平；五月份时，他还要出去参加比赛……年过而立的他，从来没有让事业绊住了生活。"人正当大好年华，就要抓紧时间，多做些有意义的事，多关心国家大事。"老师总这么说。

老师的话，对全班人而言，好似日中之光一样耀眼。

少时有为，日出之阳

"一个人没有自己的目标，那么他做任何事情都不会成功。"我的父亲经常对我这样说，希望我能尽快拥有自己的梦想。

在我小的时候，我想当一名作家。把自己看到的、想到的，把这个世界的美好用我的笔来传递给读者。但随着新时代的来临，我也改变了自己的梦想——做一个翻译家。我要让世界听到中国声音，让世界了解中国文化，做全球化的引路人，做文明的使者。

"少而好学，如日出之阳。"尽管以后的路还很长，但我想我会在这段美好的年华里，完成自己的梦想。

展望未来，道阻且长。但我们应该全然不惧，谨记：奋发有为正当时。

……

时代在变化，人们在生活水平逐步提高、精神世界逐渐富足的同时，寿命自然也在不断地延长。但每个人，都没有因此而浪费时光。他们都在正好的年纪，做着自己正好应该做的事。奋发有为，在自己的生命里辟出一片属于自己的光彩。

★沈石溪点评★

小作者以三段论式截取了人生的三个阶段，老年、中年、少年，并以此来谋篇布局，整个结构匀称饱满，中和守衡。三个年龄段带出三个典型人物，表达了时代在发展，但奋发有为精神不变，客观描绘了兢兢业业勤勉不息的国人群像，基本切题。

新时代

蒋昀熹　初中一年级　成都市

时代在进步，人们生活中的点点滴滴也随之改变。我的生活，也正是如此。

——题记

花香扑鼻，列车满载喜悦

仲春时节，雨淅淅沥沥地下着，仿佛"锁"住了这繁花似锦的城市。

打着伞，我漫步到花店，几次的交道，花店的店主早已与我熟识。经过花店的橱窗时，我发现她正埋头整理着一捧洁白的花，红红的棉袄映在花丛中，格外醒目。进去时，风铃恰好响起，店主抬头看了一眼，发现了我，便急忙起身。"小姑娘，你想要什么花?"她笑意盈盈地走过来。我随意挑选了几朵，便交给了她。结账时，我发现靠近柜台旁边有一簇花，大多都为仿真花，有许多种类，都做得惟妙惟肖，鲜艳的花瓣，逼真的花蕊，枝干，从远处看，真与真花无二。店主发现了我在看花，脸上笑意更盛，"那些都是我要卖出的花。"她朝那堆花努了努嘴。"这么多花!"我不由得惊叹了一句。"可不是吗，现在蓉欧快铁开通了，欧洲的订单可算是纷纷到来了。"店主笑着继续说，"可不像从前，有时几个月都卖不出一束花……"我的心思可早不在她的话上了，看着眼前那一朵朵姹紫嫣红的花，我仿佛看到了奔驰的列车载着一个个经商者的希望与喜悦，驶向了遥远的欧洲，一个又一个的笑容在我眼前浮现，一声又一声银铃般的笑声在我耳边回荡。"……现在，我每周都会准备一大束花寄往欧洲。"看着店主，感受着她内心的喜悦，我脸上也不由得浮现出大大的笑容。

出店时，雨，已停了，天空一碧如洗，我的心也清澈起来，极目远眺，一幅蓉城新州图缓缓展现在我面前。

碧波万顷，足迹横跨大洋

到了寒假，小姨一家便收拾行装准备去香港游玩，美其名曰："避寒。"

小姨可是一辈子都没出过远门，年轻时，便与庄稼结了缘，前半生一直扎根乡土，年过四十，才打算出一个远门。"那时候，去县城都得花掉半天，没钱时，连客车也坐不起，只得走路。"听到这话，我唏嘘不已，似乎已经看到了小姨打点行装，步行过山的场景。"但现在，港珠澳大桥开通了，只需乘坐飞机到达香港机场，通过港珠澳大桥，不用乘船，就可以去澳门旅游了！"小姨扬扬手中的攻略，脸上绽开了笑容。到达香港后，她打来电话："正是我这半辈子最开心的时光。"遥想，红墙，巴士，香港的景色——现在眼前。

从火车开通，到航天工程，中国正一步步地向前迈进，凝神细想，上至太空，下抵碧海深处；南至南极，北抵北冰洋。各个角落都飘扬着我们的旗帜。

火热风潮，彰显中国精神

学校新增设了英语角，"歪果仁"接二连三地出没在那里。其中，有一个特能说会道的英国人，中文也还不错，他经常与我交谈对中国的看法。"以前的我，对中国的看法就只有两个字：'落后'。"他夸张地扬起两根手指，我俩同时开怀大笑。"而现在，'The Belt and Road'（一带一路）通后，可就不一样了，我可算见识了遥远东方的古国文化，发现，"他顿了顿，"中国人才辈出！"他夸张地竖起了大拇指。

"一带一路"的开设，增进了地区与地区之间的多元交流，东西方的文化逐渐交融在一起，就如在东南亚大火的电视剧，西欧、北美大火的丝织品，都骄傲地写着"Made in China"（中国制造）。中国正在以肉眼可见的速度，火爆全球。

这，就是新时代的中国，一件件小事，一个个朴实无华的人民，都见证着这一切，见证着中国的极速奔跑，每个人都骄傲，自豪："我是中国人！"

于是，在我的心里、我的感知里，人民的力量是中国的一切，中国的梦。

★葛竞点评★

这篇文章中清新流淌的文字，博学多识的才情，盛满了激情昂扬的情愫。丰富的社会知识折射出了小作者是一个对生活、国家和社会有激情的人。三个板块对新时代国家的发展由浅入深地展开。小作者飞扬的文采使我们领略到了时代变迁带来的骄傲与自豪。语言丰富，主旨明确，不失为一篇值得品读的佳作。

新时代的变迁

韩天懿　小学六年级　上海市

经历了几个小时在三轮上的颠簸，我——一棵小树，被一队植树工人种在了黄浦江一畔。

初具规模

我扎根在一个小小的、平平的土丘上，环视四周，此时的黄浦江上并无大桥，但水质极其干净，倘若仔细看便能找出些许鱼虾在水中恣意游弋。自来水厂傍江而建，放眼望去，黄浦江对面尽是矮楼，除了单调的土黄色，便是零星的蓝色。

我微微弯了弯枝干，侧身倾听。"你知道吗？这条江，黄浦江旁边可是要建工厂和大桥啦！"一位体态有些肥胖的老奶奶用微微颤抖的手挽着另一位老奶奶的手，指着黄浦江，欣喜地说，"到时候，许多从外地运来的东西，我们自己也能生产啦！能便宜许多呢！咱们再到浦东去看望我们的老朋友们，可就方便啦！"

我环顾四周，在我的背后，几层脚手架已搭了起来，黄浦江两岸桥基也已建好，我的枝叶微微发抖：是呀，好日子要来了，上海，这个原先不起眼的小渔村，要发展起来啦！

奋勇前进

我，仍是那个普通的我；天，仍是那个湛蓝的天，而浦江两畔，正被人们一点一滴地改变了。最令我注意的，仍不过是我脚下扎根的这方土地，原本的小土丘已升级为瓷砖砌成的小花园。

在我身后，就是一个工地，那里有一队朴实的泥水工。他们住在工地旁简易的小棚子里，一日三餐都是米饭和咸菜。每到傍晚，他们几个文化并不多的泥水工们在路边昏黄的灯光下谈天说地，不时爆发出一串笑声，然后再挨个睡去……正是他们这一帮人在一点一滴地改变着这个城市，更有许多人，或在办公室里处理文件，或在大街上奔波，为这个城市出一份微薄之力……

巍然屹立

在十几个春夏秋冬的轮回中，几千万人在浦江两岸这幅浩大的画卷中，涂上自己那绚烂的一笔。绳锯木断，水滴石穿，浦江两岸被大大小小十二座桥连接了起来，每天数以千计的车辆来来往往。浦江两岸，上海，被越来越多的人贴上了"中国第一城""魔都""东方巴黎"的标签，浦江两岸的经济中心——陆家嘴上，东方明珠电视塔、环球金融中心、金茂大厦等一座座独具风格的建筑拔地而起，都成了独当一面的、不可或缺的上海的一部分。

这世间，沧海桑田，聪明勤劳的人们啊，您，又为上海贡献了什么呢？

★葛竞点评★

这篇文章小作者选择了一个全新的角度，把自己与一棵小树融为一体，通过小树的成长来展现时代的变迁。精心的构思、深邃的思索显示出了小作者在写作天地中的自由。文章用词准确，语言华丽，四字成语也运用得恰到好处，将小树拟人化，写得非常生动。今后的写作之路还很漫长，望你能更加努力地思索，不断创新。

变化，聆听时代的脚步

靳雅雯　初中一年级　郑州市

　　　　或许，以后的以后，"中国"这一国名，不仅是中国
　　人的骄傲，也是全世界的榜样。

——题记

　　每一次去姥姥家，都能收获很多的心得和有趣的往事，随着时代的变化，我越来越能明白姥姥的那句话：中国的过去是艰苦而又贫乏的，中国的现在是方便而又快捷的，孩子，你一定要坚信，中国是我们中国人一辈子的骄傲。

食品的生产，我的骄傲

　　姥姥说以前的旧社会，时不时就会饿肚子，说着，姥姥慢悠悠地走进里屋，用一双粗糙的手，颤颤巍巍地拿出一只大盒子，眯起眼睛翻了又翻，终于饱经风霜的脸上，扬起了一抹笑容。她说："孩子，这可是当年七十年代的粮票啊！那时候每家每户领回来那大白菜、萝卜，脸上漾起的满足是多么幸福、淳朴啊！不过还是中国领导人领导得好哩！你看现在，粮食也多了，品种也丰富了，每家每户都不愁吃吧！有些外国的食品也引进中国，巧克力啊、蛋糕啊、面包啊……小时候，谁吃到这些，那全村人都会羡慕哩！现在

的孩子，太幸福啦！可要珍惜啊！"我看着七十四岁的姥姥露出了像孩子般的笑容，又低头看看有着古老味道和许多故事的粮票，嘴角不自觉有了一丝笑意。

通信的变化，傲我中国

姥姥又从柜子里翻了好一阵子，小心翼翼地拿出一台古怪的带有话筒的东西，告诉我说是手摇电话机！她拿来一块布，轻轻地擦拭，眯起眼睛检查那电话机有没有没擦到的地方，姥姥叫我把自己的手机拿过来对比，她讲道："孩子，你看这电话和你的电话一对比，差别可够大吧！以前是手摇的，麻烦！你看现在的多好！还可以微信支付，不用带钱；打电话可以打到国外；视频聊天可以随时随地见到自己想见的人，你说要不是中国人的努力奋斗，我们哪里有这么高智能的通信啊！"我用手摇了摇电话机的摇杆，它发出了刺耳的声音，不过这个声音，有着它自己的故事。

中国交通，聆听各地的脚步

姥姥笑眯眯问我："孩子，你坐什么来云南的呢？"我不解地说："高铁呀！"姥姥说："是啊，以前来云南，先不提钱的问题，时间要两天两夜呢！你看现在，八个小时就到了吧！以前啊，走个远亲，一点也不方便，时间久了，关系也生疏了，你看现在，多方便，几个小时就到。中国高铁真是太快捷，太方便了啊！"我笑了，心里有莫名的自豪感！

时代在发展，中国也在变化，请我们用心聆听中国的脚步，毕竟奋进的中国是中国人一辈子的骄傲！

★葛竞点评★

　　对祖国的热爱并不仅仅是对成年人的要求，各个年龄段对祖国的热爱都会有不同的表达。这篇文章小作者利用小标题简洁地概括了想要介绍的三个方面，她通过与姥姥轻松的日常交流，对比了两代人眼中的中国，小作者选择了几个角度，感慨中国的高速发展以及人们生活的日渐便利，字里行间流露出的是对祖国的深情。全文叙事不枝不蔓，语言朴实流畅，感情真挚感人。

爸爸的朋友圈

楚子洵　小学四年级　北京市

　　"昨晚放在窑洞的粘鼠板，今早就有了显著成果——一只小老鼠、一只壁虎、八只苍蝇、两只蚊子。"这是前天爸爸朋友圈更新的信息。图片中是一张粘鼠板上被捕获的各种小动物。我知道，天气暖和了，爸爸宿舍里的"客人"又多了起来。每天除了繁忙的工作，爸爸还要烧柴自己做饭吃，晚上还不得不抽出时间对付这些老朋友的"到访"，日子过得又热闹又丰富。

　　是的，我的爸爸是一名驻村干部，在国家脱贫攻坚事业如火如荼的时代背景下，他从北京的国家机关主动请缨，被派驻到陕北黄土高原上一个国家级贫困县的贫困村里做驻村第一书记，至今已经快两年了。

　　把自己扎根进泥土里，与贫困村的村民同甘共苦，给村民办实事，帮助贫困村脱贫，是爸爸的职责和使命。他很少回家，每次我想他，给他打电话时，他都会这样对我说："好儿子，你想爸爸的时候多看看爸爸的朋友圈吧，我把每天村里发生的新鲜事都发出来给你看！"

　　于是，每天晚上做完作业，我都要看爸爸的朋友圈，从不例外。

　　今天，我照常打开爸爸的朋友圈，刚一点开，一阵激烈的枪炮声吓得我一哆嗦，原来是露天电影发出来的声音。硕大的电子屏幕下，一排排整齐的座椅上，坐满了村子里的老爷爷老奶奶。"这是哪儿啊?"我脑子里充满疑惑,爸爸今天怎么有时间跑出去玩了?忽然,我发现大屏幕旁边有个熟悉的影子,是一棵长相清奇的歪脖子大槐树!啊,这不是……

我快速翻到一年多前爸爸刚刚到村里工作时发的朋友圈,果然!我找到了这棵被满地垃圾和一条小脏水沟"怀抱"着的大槐树。再三确认,就是这棵树呀,可是,这是怎么回事?

我按捺不住心里的好奇,赶紧拨通了爸爸的电话。"爸爸,爸爸,你们是不是把村头的垃圾站,变成了能看电影的,还有很多椅子能坐着的,还能让好多好多人一起玩的地方啊?"我像发现了一个重大秘密,激动得语无伦次。

"儿子,你真是太聪明了!这正是我们村东头的广场,以前一直被当成垃圾场,又脏又臭,走路都要绕着走。现在在各个帮扶单位和驻村工作队的共同努力下,我们把它建成了我们村的党员远程教育广场。现在这里不仅能看电影,每天晚上还有好多大妈来跳广场舞呢。哦,对了,儿子,广场旁边我们还建了一个很大的公共浴室,爸爸现在下地干完农活回来,可以美美地冲上一个热水澡,那日子可不比在家里差哦!"

"爸爸,你太棒了!你们把村里建得这么好能不能早点回家啊?"

"好儿子,爸爸现在还不能回,我们村里的自来水还差一小段就全面完工啦,村里的卫生厕所也马上就都建完了。爸爸跟你拉拉钩,等你放暑假了,让妈妈带你来村里找爸爸,保证你们像住在度假村一样乐不思蜀。"

"好的,爸爸。那我们一言为定!暑假前继续朋友圈见!"

爸爸的朋友圈里,明亮漂亮的广场边,在那棵清奇的歪脖子大槐树上,仔细一看,枝叶间比一年前又多了一个鸟窝。

★沈石溪点评★

爸爸的朋友圈展示的不是生活日常，而是他驻村扶贫攻坚的点滴；连接父子亲情的不是日常的相守，而是朋友圈里徐徐展开的新农村画卷。小作者文思灵动，以朋友圈这个小小窗口歌颂了驻村扶贫干部的奉献精神、展示了父与子之间浓浓的血缘亲情，也展示了新农村建设的美丽画卷，起笔高妙，立意高远。

小小通信工具记录时代变化

管悦辰　小学五年级　北京市

　　姥姥要搬家了，她踌躇着是不是要撤掉家里的固定电话。"打得太少了，没啥用，撤掉吧！"我看看那部红色的、机身有些老旧的电话，说道。姥姥有些可惜地点点头："这还是你妈妈上中学时装上的呢。""对啊，那个时候，还不是家家都有电话呢，咱家这台电话还排了很久的队才装上呢！"妈妈刮了一下我的鼻子，"过去，给亲戚拜年靠它，联系同学，问作业也靠它呢。有电话对当时读书的我来说，真是个惊喜，联系同学方便多了。"妈妈轻轻抚摸了一下固定电话的机身。固定电话，沉淀着匮乏时代沟通的喜悦。

　　在收拾妈妈原来房间的时候，我发现她从抽屉中拿出一个盒子，里面有好多电线、机器，其中有个黑色的小小机器，崭新，有个小屏幕，还有链子连着外壳，但是我却从没有见过她用。"妈妈，这是什么？"我好奇地问。"这是BP机，我快大学毕业找工作时，你姥姥送我的生日礼物。"妈妈说。"BP机是干啥的？"我问。"过去手机很贵的，像砖头那么大的叫大哥大，都是大老板在用。大学里只能用IP电话，找人、联系都不太方便，于是你姥姥给我买了BP机，找工作的时候方便多了，别人给寻呼台打了电话，就会发消息到我的BP机上，需要回复的，我再打电话。"妈妈解释道。"哦。"我皱皱眉头，心想好麻烦，这有啥方便的，妈妈好像看透了我的心思，嗔怪道："你们现在就是太幸福，太方便了！"BP机，见证着发展时期沟通的便利。

妈妈接着从那个盒子里拿出来一个银色的直板手机，上边有"NOKIA"几个字，问道："这个，你认识吧？""幸亏我读书多。"我有些骄傲地说，"这不是老型号的手机吗？不过保护得真好，还跟新的一样。""哈哈，我闺女见多识广！"老妈说，"这是当年最流行的手机呢，我跟你爸一人一个，当时靠短信联系，这样又方便又便宜。"我看着那个小小的屏幕，心想，"是啊，这么点的小屏幕，哪里能用各种软件啊。"直板手机与短信，推进着科技进步时代沟通的频繁。

"妈妈，我想玩跳一跳。"妹妹奶声奶气地在一边说。"去微信群里面打完英语读书的卡，可以玩两局。"妈妈讨价还价道。于是妹妹拿了妈妈的手机，熟练划开微信，开始学习。"小孩子不要天天拿着手机玩，小心眼睛哈。"姥姥扫了一眼妹妹和妈妈，有点不高兴，"智能机真是你们年轻人的无价宝，不仅仅是沟通，各式需求都能满足。"

我突然觉得这一天帮姥姥搬家，收拾东西的过程很有趣。好像我也经历了时代的变迁，固话、BP机、直板手机与短信，还有四岁的妹妹也会用的智能机和微信，这些小小的沟通工具发展变化如此之快，并且不断承载着新的功能，它们就是进步的缩影，不但记录了时代的发展，科技的发展，也记录着国家的变化与发展。

★葛竞点评★

文章取材于真实的生活，通过搬家发现旧时代的物品，来感知变化的新时代。选材很恰当，并且段落分明，过渡自然。语言虽平实，但是将整个搬家过程中发生的故事写得生动有趣，不落俗套。小作者对自己姥姥的一言一行也有非常细致的观察，可以看出你是一个热爱生活的人，希望之后你能够捕捉到更多生活中有意义的瞬间，并把它们记录下来。

更新"老古板"

管灏茗　小学四年级　南京市

　　我的外公今年六十五岁了，他是一位古板的老人。外公不苟言笑，他脸上的皱纹也都是横向生长的，好像《植物大战僵尸》里的倭瓜。外公认为手机只能打电话和发短信、付钱只能用现金、坐地铁和公交车必须刷公交卡……

　　当我拿着iPad在线学习的时候，他就会朝我大声嚷嚷："看看你，一天到晚玩游戏，以后没出息！"当妈妈拿支付宝扫码付款的时候，外公又会在一边嘀咕："好好的钱不用，当心被骗子把钱骗走！"所以，家里人背地里都叫他"老古板"。

　　但是，当外婆打开微信朋友群，和亲戚们视频拜年的时候……嘿嘿，外公不吱声了。只见，外公坐在离外婆不远的地方，脖子用力伸着，拿余光不停地瞄向外婆的微信群，表现出很好奇的样子。可是，当外婆让他和亲戚们打招呼的时候，外公立刻起身，十分不屑地说："前几天刚见过，这屏这么小，人都装不下，有什么好聊的？"随后，他便快速地离开外婆的手机摄像头，去厨房倒水了。

　　片刻后，外公在屋子里无聊地转了两圈，悄悄地走到妈妈身边。"你说那个什么信啊，能把人看清楚吗？"外公轻声问妈妈。但是陶醉于抢"微信红包"的妈妈根本没有理会外公的疑问。外公吃了个瘪，瞪了妈妈一眼，又朝我迈步过来。"你看看他们都在玩手机。你可千万别跟他们学！"哈哈，我知道是时候展示真正的技术了！把握住机会，我认真地对外公说："外公，你可错了。我们不是在玩手机，我们是通过手机学习和生活呀！"看着外公感兴趣的样子，我像个老师一样指导起来，"我呢，平时是利用手机上的学习App上课、做作业、考试和参加比赛。网络上的课程会有很多动画教学，学习起来一点都不累。并且，网络上的课程随时随地还可以看回放哦。现在的支付宝是一种很安全的付钱方式，既不用找零钱又可以领取红包。对了，现在坐公交车和地铁都可以刷支付宝了，还有优惠。外婆用微信和姨婆们聊天，就不用跑到她们家里了。外公你看，是不是很方便呢？"

外公听了连连点头，说："那你把那个什么信也给我用一下。""好咧！"我很高兴地给外公安装了微信、支付宝和一些棋牌游戏。我们家里的"老古板"也终于要更新啦！

朋友们，你们现在想知道"老古板"的"运行"情况吗？嗯，我只能说："五星好评，太'流畅'啦！"

★葛竞点评★

小作者朴实自然的童心体现在了整篇文章当中，使文章散发出了一种清新活泼的气息。对外公的描写很有趣，刻画出了一个非常有个性的老爷爷形象，语调轻松幽默，显得妙趣横生，读起来令人爱不释手。本文的语言虽然并不华丽，但是格外真实，大量采用了生活中的口语，使文章更加自然，这样有趣的生活细节，希望小作者之后还能继续收集，做一个热爱生活的人！

外公的口头禅

谭沛昕　小学五年级　广州市

外公说话常常带口头禅，我小时候他总是问我："今天看书了没有！"随着现代化信息技术的发展，手机、电脑以及其他更先进的电子设备不断融入我们的生活。外公的口头禅也因为这些"朋友"的到来发生了巨大的改变。

"你们怎么又在看手机！"四五年前，这是我外公的口头禅。每次看到我的爸爸妈妈或者我在玩手机，他就叹气说手机是"没啥用还坏眼睛"的坏东西。每次我们和他讲手机还有互联网带来的生活便利和趣味时，他的头摇得像拨浪鼓似的，还嘟嘟囔囔着"这种东西我可不要"之类的话。

"快来抢红包！"这是两三年前，我外公的新"口头禅"。有一次春节晚会，我们边看电视边抢微信红包，外公开始"稳坐钓鱼台"看他的电视，后来看到我们在不停欢呼着，他也凑过来说："手机里还有红包抢啊，昕昕，快把你抢的红包拿出来我数数。"听了外公的话，我笑得前仰后合，妈妈说："爸，手机不是没用的东西吗？不过它可以发红包。"后来，妈妈手把手教会了外公安装微信和抢红包。我最喜欢外公发红包了，他发的红包最大！而且，他还有个外号叫"红包报警器"，哪个群有红包他第一时间报警。微信红包把外公带入了互联网的世界。外公手机里除了微信，慢慢地有了支付宝，有了携程，有了今日头条……

"快来看我的小年糕视频！"这是现在外公的口头禅。如今外公用手机买菜、借雨伞、看新闻、订机票、订酒店、自助游。外公还建了很多微信群，重新联络了好多老同学、老同事和老朋友。在群里，外公最喜欢把拍摄的照片和视频做成小年糕视频，里面图文并茂还有剪辑的视频和优美的音乐，一上传视频，外公就在群里说："快来看我的小年糕视频！"在群里，外公已经是网络达人了！

明年外公的口头禅是什么呢？我想一定还是和互联网有关。外公那天和我说："没想到我也离不开互联网了，我们的时代、我们的明天会如何发展？"我笑了笑，回答说："外公，答案也许在您以后的口头禅里！"

★西篱点评★

口头禅是人们习惯性重复的话语，它往往脱口而出，反映了这个人的个性和心理状态。作者写外公的口头禅，不仅生动地写出了外公的性格，也写出了外公跟随时代的变化而变化的过程。这个时代发展太快，大家都要不断学习才能跟上。外公不仅爱学习，也还有一颗童心。未来已来，可爱的外公就像一面镜子，让我们看到现实生活的迅速变迁。

骆驼舞

翟嘉琪　初中一年级　徐州市

这是什么地方？

正午的骄阳炙烤着大地，我们的祥子正用他那宽厚有力的大手抚着后脑，眼望北京市马咽车阗，高楼林立，懵懵懂懂地跟随人流前行；在那熙来攘往的人群中，身着粗布白衫的他显得格外扎眼。

"哎哟——"转角处，祥子与一个老大爷撞了个满怀。

"大爷，您没事儿吧？"祥子吞了口口水，慌忙伸出双手将他扶稳。

"没事儿，大爷我身子骨棒着呢！"没想到，老大爷却毫无愠色，挺直了脊背，拍拍胸脯笑道。

祥子松了一口气，忽然觉得这个陌生的地方似乎并没有看起来那样冰冷。

"倒是你，小伙子——"老大爷咳了几声，拍着祥子的肩，"你是迷路了吧？"

祥子有些局促地摇摇头，还未等张口，大爷沙哑却洪亮的声音再次响起："看你这身打扮，应该是刚来的外地老乡吧？别担心！大爷我带你转转！"

"我……"面对自己在北平从未感受到过的热情，祥子甚至愣怔起来了；不过大爷压根儿也没等他回答，就自顾自地揽上他硬棒的胳膊，向前走去。

"瞧瞧！这柏油路！半年前刚铺的！多平整！"大爷自豪地说着，指给祥子看崭新的路面；祥子还没从这热乎劲中脱出身来，晕乎乎地顺着大爷的手看去，却被疾驰而来的越野车吓了一跳。

"大爷，那、那是啥？"祥子可从没在北平见过这样大、这样快的车。

老大爷瞥了一眼，道："那是车呀，'SUV'哩！你是咱乡下娃吧？就是呀，瞧瞧你这身子骨，那么结实硬棒！别担心啊，不管哪里人，就是月球来的，大爷我都给你仔细介绍！"

祥子虽然听得迷糊，心里却着实感动；于是一路跟着大爷东奔西跑：尝了炸酱面、热豆汁儿，买了新褂子、运动鞋，逛了王府井、天安门……行人慢慢疏了，天色渐渐暗了。祥子和老大爷并肩站在一处宾馆大堂前，回想这一下午的旅程，感到亲切而奇妙；人人都是那样热情！一切都是那样不同！

拿取房卡，走进属于他的房间，祥子和大爷攀谈起来。他终于得知，原来，这北京市，就是曾经的北平城！祥子和自己的记忆一一比照着，北平这日新月异的变化，令他瞠目结舌。

"这样，祥子，"大爷站起身来，"天儿不早了，我也该回去了。"见祥子不舍的神情，老大爷顿了顿，补充道，"明儿个大爷还来找你！放心吧啊！先看会儿电视，早点儿睡吧！"祥子闻言，重重地点点头，起身道："大爷，明儿见！"

半躺在柔软的床上，祥子注视着不断变换的电视屏幕，脑中浮现一幕幕奇妙的幻想："一带一路"，在国家主席的带领下人民露出幸福的笑；港珠澳大桥，"大国工匠"们合力筑起宏伟工程；冬奥会上身姿矫健的运动员全力奔跑……祥子的心感受到新时代奋进的鼓点，只想跟随节拍舞蹈——对！舞！舞！舞！用梦想的舞鞋，踏着旋律，舞出辉煌！

我们的中国，是一匹沉默的骆驼；我们不言语，我们不张狂，我们踏实稳重，我们勤劳善良……但，骆驼也能舞蹈！骆驼，也能舞出万丈光芒！从封建社会，到改革开放，我们一直在前行，一直在积蓄，为的，就是这一场新时代的舞蹈！

绮丽的梦境中，祥子在舞蹈，北平在舞蹈，中国，在舞蹈！

★西篱点评★

穿越小说里的故事设定，往往是现代人穿越到历史上的某一个时代，甚至是一个架空的时代。但是作者在这里却做了一个巧妙的设计，让人民艺术家老舍的代表作《骆驼祥子》里的人力车夫祥子，从20世纪20年代穿越到了改革开放的新时代，在热情的北京老大爷的带领下，参观了过去的北平现在的北京日新月异的变化。作者的幻想力令人惊叹，在她的笔下，没有不可能发生的故事。

往昔　现今

樊苏瑶　初中一年级　杭州市

从前，我们手握钝器，在山林中如野兽般群居生活；从前，我们互帮互助，创造出"文字"这样东西，创造出了语言；后来，我们逐渐学会思考，变得长衣飘飘，潇洒自在。可再后来呢，我们变得不一样了：有的为了那所谓的钱财权力抛弃了道德；有的如墙头草，摇摆不定，攀权趋富；还有的无私正义，却被那世道所害，家破人亡……

那未来呢？未来的我们又会变得如何呢？下面就由我去带你看看吧。

天像个害羞的大姑娘，轻轻巧巧地从井里舀瓢水，扭扭捏捏地洒向空中。甚至还不忘抓片云彩，别住细碎的发丝。从前极其少见的亿万富翁如今好似菜市场里的青菜萝卜，一抓一大把。原来，在科学家的努力下，未来的科技越来越发达。或许是连老天爷都觉得人类的发展太过于迅速了吧，以至于天生异象，自2220年6月份以来，每个月都会从天上下金币雨。有了这足以不劳而获的无敌道具，人们都扔下了手头的工作，开始变得懒散。

不劳而获的人越来越多，自己努力工作获取财富的人却越来越少。学生都不去上学了，培训机构也都关门倒闭。毕竟，有无须劳动便可轻易获取财富的工具，谁还愿意去辛辛苦苦地工作呢？

就这样又过了一百年，这每月一次的金钱雨早已成了雷打不动的规矩。可十分可怕的是，如今地球人的科技水平发展与一百年前几乎没有区别！

而且如今的地球早已失去了她的原貌。大地干裂、资源枯竭，地上垃圾到处都是，几乎无处落脚！可人们似乎并没有意识到灾难即将来临，依旧吃吃喝喝，玩耍放纵，过着那所谓的逍遥生活。

就在这时，更大的危机悄无声息地来临了——天上不再下金钱雨了！

没有钱就没有长期生活享乐的保障。整个地球都陷入了巨大的恐慌之中。此时的人们意识到了自己所犯下的滔天罪孽，他们试图挽救。可我们都知道，让一个从小享受、不劳动服务的人此时去遵守突然下达的指令有多困难；让一个从来对于环境保护毫无概念的人去主动意识到即将面临的生存危机是有多么地不可能！

此时才意识到要去继续发展科技、工作劳动的人类已经迟了。他们即将面临比电影《流浪地球》中更加可怖的现实。可是现在意识到错又有什么用呢？已经太迟太迟了。

未来的结局如何已经不用我再怎么说了。反正就是人类因为自己的贪图享乐，因为自己的惰性而灭亡了。

为了悲剧不要发生，为了未来的人们可以生活在更加美好的天地之中，我们要从现在开始，保护环境，勤奋学习，努力消去我们的惰性，做一个对社会有用的人。

于一抹向晚的暮色里，我恍然看见了朦胧远方的氤氲，这一次，我们的结局一定会改变！

天青色蔓延在天际。雨悄无声息地落下，落在槐树枝上，也落在天空上，洗净了一切的繁华与喧嚣。我望向空中，那清冷的月光刺痛了我干燥的眼眶。晚霞绚丽得如花开放，灿烂得神采飞扬。

这一次，未来又将会如何呢？现在的我并不知道。可不会再像那样令人沉重不堪了。绝对不会了。

恍然间，我仿佛到了时针与秒针交错的季节……

★葛竞点评★

　　这篇文章无论是思想性还是艺术性都是很高的，读后也让人久久回味。语言丰富，辞藻华丽，看得出来小作者是一个有极高文学素养的人。整篇文章的层次井然，结构严密得当，并且还有真情流露，让所有人都产生了对过往的深刻反思，希望小作者能够继续不断地保持这样的创作水准，相信一定未来可期。

家乡的变化

魏子涵　小学四年级　北京市

　　时代在发展，社会在进步，我们的生活每天都在发生着变化，这次我陪爸爸回老家就有了深切的体会。

　　我的老家在秦皇岛市卢龙县一个叫桃林口的小山村里，整个村子都建在长城上，地势高、偏远、土地贫瘠、三面环山、劳动力少是村子的主要特点。我爸爸是一名军人，他已经有十多年没有回老家了。回老家前他和我提前打了预防针："儿子，这是你第一次回老家，家里的条件没有北京好，你到那可千万得坚持住啊。""啊？爸爸，老家有那么苦吗？那我，我还去吗？"我听到爸爸的话心里有些打退堂鼓了。

　　爸爸说他小的时候家里条件非常差，爷爷、奶奶、大爷和爸爸四口人住在三间小平房里。每天上学前、放学后大爷和爸爸都要踩着土泥路到山上去割猪食、挑水，还要帮着爷爷奶奶去分散在山上各处的一小块一小块梯田里浇水、除草。那个时候每天能用窝头填饱肚子就不错了，最大的梦想是过年时就着白米饭吃一大碗肉。大爷和爸爸都去抢肥肉吃，每次爸爸抢到了都会很高兴，现在想想都还很怀念呢。

　　桃林口通往外界的路只有一座小桥，爸爸小的时候是一座窄窄的小木桥，用几块木板简单地搭成，每天他都和大爷从桥上颤颤巍巍地通过去邻村上学，只要一发水就通不过桥上不了学了。爸爸当兵走的时候小木桥已经变成了小石桥，好走了很多，不过还是很窄，马车通过的时候都很困难。爸爸妈妈结婚的时候回来过一次，那时还是小石桥没有变化。这次我们开车回来爸爸都打算好了，把车子停在邻村，带着我搭别人的马车回家。我还是第一次坐马车呢，好期待啊。

可是我们还没有开到桃林口，刚开到潘庄的时候，我们就有些愣住了。"这，这还是卢龙吗？"爸爸自言自语愣愣地看着周围的时候说道。"怎么不是？导航又没错。"我奇怪地问道。"你不知道，以前的潘庄不是这样的，咱们还是赶快往家开看看吧，说不定家里的变化也很大呢。"爸爸两眼放光地说。

家里的变化果然很大啊。进村的小石桥已经被拓宽成大水泥桥了，有上下两条宽宽的车道，两边还有漂亮的护栏。过去的土泥路也变成了崭新的柏油路，好像特意为迎接我们回来修的一样。爸爸不由得把车停了下来，让我给他和水泥桥留一张合影，一定要把柏油路也放进镜头，他要留个纪念。一边看着照片爸爸一边念叨："以前要是有相机就好了，我把家乡的变化都记录下来，让你好好看看，这是多大的变化啊。走，咱们走着进村，好好看看村里的变化。""好的。"我笑嘻嘻地说。看来我不用吃苦啦，我也很高兴啊。

我们一边走一边聊，不时地照个相。现在的桃林口可以说是一步一景啦。村里利用长城村的特点，推广起了旅游。好多人家都办了农家院，进进出出的游客可多了。以前经常发水的河也被政府治理了，现在很多游客吃完饭后都会到河上去划船，看野生的水鸟。很多老物件都被集中收了起来，建了一个村史博物馆。爸爸小的时候经常爬的长城垛子也变成了重点文物被保护了起来。爸爸的小学同学看到我们回来很热情地招呼我们，他说这几年政府给村里投入了很多钱，想方设法让村里发展旅游，实现脱贫，老百姓的日子过得越来越好了，很多家都翻建了新房，好多在外打工的人都回来给自己打工啦。

这就是我的家乡，她曾经贫穷过，一度让人拼命逃离过，现在她用自己的变化，吸引着人们回到家乡，建设家乡。她一直在改变，一直在努力让人们生活得更好，下一个十年又将迎来一个崭新的桃林口。

★西篱点评★

当历史进入馆藏，它就不会被遗忘；当过去成为记忆，不复存在于眼前，这就是变迁。作者很好地把握了历史与现实、新与旧的对比，讲述自己随父亲回乡的忐忑心情，以及见到今日之故乡情景面貌时所感到的惊讶、惊喜。贫穷的故乡让人逃离，变得富裕美好的故乡又吸引游子们重回怀抱，谁读到这里都会感动的。

[第三部分]

浪花里的歌

　　港珠澳大桥是我国境内一座连接中国香港、广东珠海和中国澳门的桥隧工程，以其超大的建筑规模、空前的施工难度以及顶尖的建造技术而闻名世界，更被国外媒体誉为"新世界七大奇迹"之一。回望数百年前，爱国将领文天祥曾发出"惶恐滩头说惶恐，零丁洋里叹零丁"的感慨，如今的伶仃洋，不再是文天祥眼中的萧瑟模样。随着港珠澳大桥通车，有更多人前往粤港澳地区，探访当地的历史文化、人文风情。当你游览在港珠澳大桥，伶仃洋上的风景尽收眼底。伴着阵阵清风和朵朵浪花，有什么感悟？请以"浪花里的歌"为题作文。

浪花里的歌

王博阳　小学三年级　南京市

今天，阳光明媚，小鸟在枝头上唱着歌，太阳公公眯眯笑，我和爸爸妈妈一起来到海边玩耍。

刚到海边，我就看见了那金灿灿的沙滩，如同一条金色的地毯，又如同一地的碎黄金……接着，我们看见的就是那一望无际的大海了，那大海，平时还挺热闹的。有人在浅海处游泳，有人在浅海处打水仗，还有人在浅海处捡大海胆……不光只是浅海处很热闹，中海处也不例外，有人在捞海鱼，有人在捉皮皮虾，还有人在采集红藻……嘿嘿，中海处都那么热闹了，深海处就更热闹了，海豚三五成群的，不时就会跃出水面，把海水溅成了一条条曲线。海面上不时会有轮船经过，它们发出的低沉的鸣笛声，就算相隔千里之遥也都能听得见……可如今，人们散了，海面上也平静了，只有海鸥还沐浴着余晖，在水天之间自由自在地飞翔着……

日落来临了，不久，天渐渐地暗了下来。我和爸爸妈妈便在附近买了些吃的，勉强地当作了晚饭。不久，只听见了哗哗的声音，我就意识到涨潮了，于是，我们便坐在椰树下，看着潮水的来临……"哗哗！"声音更响了，这时，传来"噭噭"的叫声，哦！原来是海鸥的叫声。"哪哪"，咦？这是谁的叫声？这不是叫声，这是螃蟹用自己的壳敲击岩石的声音。这里还有别的声音，如海老鼠的叫声、海螺爬在沙滩上的"沙沙"声等。这些声音串在一起，如同浪花在唱歌，那歌曲婉转动听，美妙动人。

快10点了，我必须得走了，我只能依依不舍地告别海边。

今天的海边之游可真有趣！浪花里的歌可真动听！

★西篱点评★

一篇完整的叙事文，讲述了自己和爸爸妈妈在海边游玩的经历。"海豚三五成群的，不时就会跃出水面"，不知这样的景象是否真实呢？或者是作者美好的想象吧。螃蟹用自己的壳敲击岩石的声音，以及其他海洋生物的一些动静，倒是描述得挺生动的。

浪花里的歌

白丰华　小学六年级　西安市

　　我是一朵浪花，是珠江中的一朵浪花，在上古时期的大禹治水之时，我便随着无数的小伙伴，从小溪流入江河，从江河汇入珠江，成了一朵浪花，从那时起，我第一次感到了中华民族的智慧与强大。

　　我每天都在歌唱着、欢乐着、听着从远方来的其他伙伴讲述着各个地区发生的奇闻逸事，同时也见证着历史。

　　这样日复一日，不知过了多少个年头，社会也不知道发生了多么大的改变，我依然歌唱着，不知疲倦，一直到今日。

　　前不久，一个叫"港珠澳大桥"的宏大工程正式宣布竣工，这架完全由中国人自主策划、自主设计、自主研究，被英国《卫报》誉为"新世界奇迹"的大桥连接了珠海、香港与澳门。它也代表着港澳回归祖国后进一步的发展。据我所知，这架桥梁施工前，曾多次被欧洲嘲讽为不可能完成的工程。但是，我的祖国依然顶着巨大的压力，继续施工，尽管中途遇到了大大小小的问题，但仍都顺利解决。这座大桥的成功通车，不仅给那些外国人一个有力的回击，还彰显了我们祖国的强大！

　　通车过程中前后共遇到了三百七十二个大小问题，是什么让研究人员坚持任务？工程复杂，工作量大，是什么让工作人员冒着可能因疲劳与意外献出生命的危险持之以恒？是什么让技术人员顶着被外国人嘲笑的压力继续前进？是丰厚的报酬？是双倍的奖金？是个人的名誉？不，都不是，是因为我们不想输！是因为我们是龙的传人！是因为我们具有炎黄子孙的奋斗精神！

除了我面前这架凝结着所有工作人员辛勤奋斗结晶的港珠澳大桥，历史长河中还有很多这样的例子：我多少次幻想我所拍打的任何一块石头，都可能是"愚公移山宁不智，精卫填海必为痴"中愚公与精卫坚持不懈运来的成果；我曾多少次听说"刑天舞干戚，猛志固常在"中刑天只因怨魂未尽就算头被劈下也要用尽最后一丝力气，去完成生命中唯一的目标；我也多少次回想"夸父诞宏志，乃与日竞走"中夸父为了追逐太阳宁愿焦渴而死，他，其实早已追逐到心中永恒的太阳。

我仍然继续想着，歌唱着。

★西篱点评★

一朵浪花，与亘古的河流同在，见证历史变迁。作者用拟人手法，以浪花的故事和视角，讲述因其超大的建筑规模、空前的施工难度以及顶尖的建造技术而闻名世界的港珠澳大桥的建成竣工，并由此联想到中国上古神话传说中的"愚公移山""夸父追日"等故事，力图彰显和传播中国文化和中国精神。这种不拘一格的表现方式值得肯定。

浪花里的歌

冯沛禾　小学六年级　广州市

1

塞菲亚曾经一度听到过歌声。

在某个晴天，丝缕流云融入水天相接的那一条青蓝色的分界线，海水在拂动的海风下温柔地起伏翻涌，浪潮亲吻雪白的沙滩吟唱起温柔的童谣，那些被海留下做礼物的、彩色的贝壳在阳光下闪闪发光。

你听到那轻柔的歌声了吗？如此美妙连海浪都甘愿为它打拍子，风的指尖擦过塞菲亚头顶的椰树叶片，凝固的光影被搅作一团。

塞菲亚踮起脚尖，蔚蓝的大海在她蔚蓝的瞳中变得模糊又恢复明晰，碎金般的阳光里，她的眼角捕捉到了那个红发身影。

女孩笑了起来："出发吧，我看见你了，好久不见，艾丽儿。"

2

艾丽儿曾经一度感到寂寞。

海底的宫殿装饰得金碧辉煌华丽无比，那是海底很深很深的地方，连阳光都难以窥探到。在各种各样的奇珍异宝堆砌的寝宫里，有着红色头发的公主却依旧是闷闷不乐的样子。

——我美丽的小公主啊，你为何终日愁眉不展？

"我想去水上看看。"面对族人惊诧的目光，艾丽儿倨傲地仰起头来。这宫廷防卫就是再森严，也挡不住一颗年轻的、大胆的、自负的心啊。

阳光泼洒在她的头发上时，整个场景都好像一幅画，碧绿如同翠鸟绒羽的眸子第一次捕获陆地母亲的容貌。这个时候艾丽儿是快乐的，比人生中任何一个时刻都要快乐得多，这种快乐炽烫而热烈，就这样如藤蔓疯长，将人鱼少女的心牢牢地缠住了。

艾丽儿发现自己唱起了歌，一首她记不清在哪里学的、旋律却清晰得不可思议的歌。

然后她便看见了沙滩上一块礁石上坐着一位少女，米色的麻布长裙，金发，眼睛里有她所见过的最美的一片蓝。

几个心跳的愣怔后，艾丽儿与人类少女的目光就这样相撞了。相撞在海风里，相撞在澄澈的空气里，相撞在和风细浪里那曲无词的歌吟里。

那是一年前，塞菲亚和艾丽儿的第一次相遇。

3

我们故事里的女主并没有被吓得尖叫，转身就飞奔去向大人求救。在一个美丽的夏日午后，十五岁的塞菲亚朝浅水里的红发人鱼少女走去，蓝眼睛亮晶晶的。她问："你就是传说中的人鱼吗？"

"是的，我叫艾丽儿。"对方毫不避讳地抬头望向她，苍白的脸颊在阳光下几乎透明，语气好像带着几分骄纵，塞菲亚知道这是那种贵族小姐的通病。"你的名字呢？"

"塞菲亚。"

"很高兴认识你，塞菲亚。"艾丽儿非常认真地伸出一只手来，"我觉得我们可以成为朋友。"

人鱼也有握手的习惯吗？塞菲亚不禁暗想，但她还是伸出手去，人鱼小姐的手细嫩得不可思议，水的温度使这只形状漂亮的手像一件象牙雕成的艺术品。

她们就这样成了好朋友，一年以来无人发现这个秘密——我知道这听起来很不可思议，但谁要这是"故事"呢？

现在十六岁的塞菲亚赤着脚踏入碧蓝的浅水域，裙摆被海风撩起一角，她扑上去给了自己的人鱼朋友一个大大的拥抱，毫不在意艾丽儿湿漉漉的头发将自己弄得满脸是水。

——哎呀，塞菲亚，别那么急……

——艾丽儿，我还以为你忘了我呢。人类少女撒娇般嗔怪道，是小公主想我了呢，还是……

塞菲亚故意停顿了一刻，狡黠地眨眨眼。

——想他了呢？

4

先别急着大惊小怪，塞菲亚口中的"他"不过是个故事里的人物而已——当然这么说也有些失真，毕竟作为 A 国的王子，"他"还真算是真实存在的。

艾丽儿也是全靠塞菲亚给她讲的人类世界的故事才了解到"他"的。这是塞菲亚给她讲的第二个故事，从那以后艾丽儿便被"他"彻底迷住了。

"……他的金发比八月的阳光还要耀眼，他的湛蓝的眼瞳是密林中最清澈的湖……"塞菲亚的声音在一个昏昏欲睡的午后显得好听极了，远处柔和的涛声汇聚成一首歌。"……他的唇的色泽宛若仙宫里的玫瑰，他的气息比乳香还要芬芳……"

——那是她的心跳声吗？艾丽儿吓了一跳，平生第一次尝到了"脸红"的滋味。

"嘿，艾丽儿，你的脸红了。"塞菲亚丢下书，人鱼双颊泛红的样子惹得她笑出声来。"天哪，艾丽儿，你不会和那些傻姑娘一样，爱上他了吧！"

"胡说八道！"……艾丽儿有些生气，双颊发烫。她的声音弱下去，小声地问："塞菲亚，那些故事，都是真的吗？"

"谁知道呢？"塞菲亚耸耸肩，眼中那种快乐的神色却不见了，"艾丽儿，千万不要爱上一个王子。"

"为什么？"这次艾丽儿是真的出于好奇心。

为什么呢？为什么呢？

塞菲亚抬眸，远处的波涛还在哼唱着那首古老的歌谣。她羽睫坠下，掩住眼底汹涌的千思万绪。

——因为她们最后都没有回来，就像我的母亲一样。

5

艾丽儿又唱起了那首歌，第一次在离塞菲亚那么近的地方唱起。

人鱼公主看见金发少女的神态忽然一滞，急忙问："怎么了？"

塞菲亚神色僵硬地回过头来，勉强挤出一个难看的笑："没什么，只是我的母亲从前也给我唱过那首歌。"

人类的眼中有很多艾丽儿看不懂的情绪，但塞菲亚身上那种凝重的悲伤却让她惊惶起来。

——她死于一场船难，那时我十三岁，以至于以后每当我在海上听见歌声时，都以为那是她。没想到居然是你，艾丽儿。

塞菲亚叹了口气，此时的她与平日里那个神采飞扬的少女简直判若两人。"明天就是王子的生日了，宫里肯定又是搞那什么该死的'水上聚会'。"

她转过头，推了推呆住的艾丽儿："喂，小花痴，你不兴奋吗？"

兴奋吗？她当然兴奋。

兴奋到忽略了塞菲亚平淡的语气，她湛蓝如同湖泊的眼睛里是藏不住的浓重恐惧与悲伤的。

6

后来的故事大家都很清楚了。王子开聚会的那艘船遇上了暴风雨，落水的王子被红发的人鱼公主救起。

"艾丽儿将昏迷的他放到沙滩上，因为疲惫而微微喘息。她第一次看见了他的面容，在月光下那位王子果然与书上说的一样英俊，金发宛若阳光，那一刻艾丽儿她第一次如此清晰地感受到了自己的心跳。然后她离开了，心里已经做下了那个重大的决定。"

第二天清晨，王子被过路的人类少女遇到并误认为她便是他的救命恩人。

"塞菲亚站在原地，望着面前眉目如画的少年，脸色煞白，双唇咬出血都毫无知觉。现在她只感到冷，彻骨的冷，面前的王子有和她一模一样的金色头发，连五官轮廓都有几分相似。'你好，美丽的小姐，一定是你救了我吧。'清润的声音传入耳畔……"

7

"这个关于浪花里的歌声的故事，就在这里结束。"

"然后呢？"听故事的人不甘地问道，"最后艾丽儿和塞菲亚都怎么样了？"

"谁知道呢。"耸耸肩，书本自臂弯滑落。

"海浪里再也没有歌声了。"

★西篱点评★

我们看到的似乎是著名的安徒生童话的改写本，但原著讲述的是小人鱼对爱情、人类灵魂、人类生活的向往和追求，这里讲述的是海浪里的歌声中，小人鱼和人类女孩的故事。作者以大胆的想象、流畅的讲述和优美的语言完成了这个故事，并在结尾给我们留下巨大的幻想空间。

浪花里的歌

孙嘉欣　小学六年级　北京市

谁用花针挑起了斜夕，谁在海边着一身白衣？当海声纷飞时，你可看过那一片浪花，听过那一片浪花的歌？

她是山林中一只瑶琴，当武曌即帝时，她就在这儿了。一千年，足以让一段历史化为风沙，可她仍在那儿，她已不仅为一只琴，更为琴中的灵。她能听出《六幺》，能抚出《灵玲》，更能唱出《落霞》，可她偏不能看见落花流水、春华秋实。也许她，也只想如此吧。虽不能视，可她却听过无数花开的声音，无数次月落的声息，也正因为如此，她才听见了海边的人声鼎沸、叫货声和摇橹声。这海是离山林最近的海，名为霞海。

她从人们的话语中才听见了这海的名字。起初，她从没想过出山，可自从听到了山林中从没有过的人间烟火声后，她才第一次披上华霞的光，走出清溪丽花，走在古道上。当她小心翼翼地感受着风声和海声时，她听见了一阵"卖货"的声音。那声音与旁的声音不同，简直稚嫩之至，可，似乎透着沧桑。清脆的声音时高时低。"那位姑娘，过来看看吧。"虽然，她不知道看什么，也知道她不会看，可她仍然走了过去。

那个声音给她介绍了许多她从未听过的东西，可她并不想让这声音失望。"姑娘，你买一个吗？""抱歉，我买不了，而且，我也看不见。""哦，对不起，打扰了。"她能听出这声音中的企盼和失落。不知怎的，她不想让这声音失落。"要不，我给你一首歌吧。""一首……歌？"还未等那声音再说，她就已启齿。风落又风起，伴着她的歌声，一切似乎都安静，只有落霞彩云归的声音。歌罢，一片寂静，只听一声声的"好"，以及无数的赞美。然后她听到了浪花的声音……

　　他是落霞城中的一个普通的孩子，但也不普通，因为他们家是最穷的一户。一间破茅草屋，两个令人无奈的亲人和一片美丽的霞海织成了他十三年的灰色。自九岁时，他就只能看着其他伙伴上学，而他却不得不上海市卖东西。当别人拿到秀才时，他得到了棍棒伤痕。他似乎很不讨喜，但也的确如此，谁会喜欢一个眼力敏锐而听力迟钝的孩子呢？他能看见潮起潮落，看见浪花的美丽，可就是听不见父母的责骂、伙伴的嘲笑，甚至顾客的讨价还价。是的，他每次摆摊的地方都最靠近海边，这儿什么人都有，船夫，酒鬼，可偏没几个顾客。

　　所以，他拼命地招揽客人，以及那个容色绝人的姑娘。他没见过比她更惊人的姑娘了，他没上过学，没念过书，只会用美丽、漂亮来形容她。在落霞之下，她身着白衣，凝着浪花的颜色走来，"姑娘，你买一个吗？""抱歉，我买不了，而且，我也看不见。"他看见姑娘的眼帘略低了几许，看见了她有些落寞的脸色，才发觉自己说错了话，可他仍有些失落："哦，对不起，打扰了。"

　　"要不，我给你一首歌吧。"那姑娘启齿道。

　　"一首……歌？"他摇了摇头，可姑娘还是唱了起来。他看出人们的惊讶，彩云的变色和浪花的美丽。

　　一曲罢了，他呆了，这是他第一次被人送东西，也是第一次心温暖了一下，然后他看见了浪花。

　　他看见了浪花，她唱了歌声。一潮又一潮，歌声回响。这浪花里的歌声，你听过吗？

★葛竞点评★

一只瑶琴化作一位歌声优美的盲女，她偏偏遇到了一位目光敏锐却耳聋的少年。一个能听到浪花的歌声，一个能欣赏海浪之美。新颖而富于寓意的人物，充满诗意的故事，令人回味悠长。

浪花里的歌

杨正航　小学六年级　西安市

　　我静静地坐在沙滩上，望着一望无际的大海，让被海水打湿的沙子盖过我的脚趾，任清凉的浪花在我耳边歌唱。

　　我的朋友是一条住在海里的海豚，它最喜欢为我讲故事。

　　"在很久以前，我认识一个像你这么大的女孩，她的父亲叫炎帝。"我的海豚朋友望着汪洋大海说道，"她每天都会陪我玩，而我，则给她讲一些故事。我们每天都在一起，相处得十分愉快。可是有一天，她生病了，我劝她别下水游泳，可她却笑着跃入大海。游到大海的深处，我最担心的事还是发生了，她因体力不支而慢慢下沉，我咬住她的衣襟拼命往上拽却无济于事，我只能眼睁睁地看着她缓缓下沉，我还记得她最后一句话是'冷，小海，我冷……'"

　　说到这，小海吐了两口泡泡，眼底的悲伤感染了整片海水。"后来，我求海神将她的魂魄存入精卫鸟体内。她不甘心，立志要填平大海，她每天都从山上叼来小石子投入海中，日复一日，年复一年，坚持不懈。终于有一天，她兴奋地告诉我她可以投胎为人了，于是我再也没有见过她。"

　　"可是，就在几年前，我又看到了她！她正穿着工作服，和其他人讨论着'跨海大桥'的建议。"说到这，小海笑了起来，"再后来呢，算了，你自己看看吧！"说着，它摇了摇尾巴。

我顺着小海的尾巴所指的方向观望，远远地，我看到了一条长长的大桥，好似一条披着雾纱的长龙盘踞在海面上，宏伟而又壮观。

"嘿，你瞧！虽然她已经不记得我了，但她还是为了保护我们建了三座海豚塔呢！"我一瞧，可不是嘛，在那不见首尾的"长龙"背上跃出了三条栩栩如生的白海豚，为这条"大龙"又增添了一层绚丽耀眼的光彩。

"她成功了，成功了，她征服了大海！"小海喃喃着。

另一边，一座高楼中，一位女士望着被残阳涂上一层金色光晕的大海，"啪！"一滴泪从她那美丽的脸颊上滑落。"小海……""怎么啦陈姐？"一旁的人关切地问道。"没什么，只是好像记起了一位老朋友……"

浪花里的歌没有停止。你，不想来听听吗？

★西篱点评★

非常可爱的想象，作者大概阅读了不少东方玄幻和重生小说，所以将《山海经》的神话传说和现实勾连起来，还让在海中溺水而亡的女孩重生为港珠澳大桥的建筑工程师。而故事的讲述者，是伶仃洋里的一只海豚。这是一个温暖美好的故事，我们乐意倾听。

浪花里的歌

杨轶轲　小学六年级　西安市

海上平静无风，火辣辣的太阳无情地炙烤着我，我拖着疲惫不堪、千疮百孔的身躯，陷入了久久的沉默中……

在很久很久以前，我与我的兄弟姐妹们还连在一起，组成了一块美丽的陆地，这里鸟语花香，风景秀丽，是个休息的好地方。这块大陆上没有人类，只有动物与树木，可是，从某天起，一个"不速之客"打破了这份平静。

"轰隆隆"的雷声在我耳畔轰鸣，一道刺目的闪电划破天际，狂风挟着暴雨拍向我，远处，一道光不知何时熄灭了，那是轮船，船沉了，人们坠入冰冷的大海，企图抓住一线生机。雨仍在下，叫喊声也平息了。

太阳升起来了，敏锐的触觉告诉我，有一个被称作"人"的生物来到了这片大陆，那是昨晚船难的幸存者。他害怕极了，但仍鼓起勇气探索这片对他而言未知的丛林，他找了一堆果子和一个山洞，生了火，温暖的火光映着少年稚嫩的脸，他只是个命运悲惨的孩子！我不禁这么想。在之后的这些天，动物与少年和谐共处，少年也确实是个心地善良的孩子，他为树木砍去多余的树枝，为受伤的鸟儿用树叶包扎，一草一木都与他心心相印，他仿佛是自然的孩子，为这片陆地带来歌声与活力。可意外总是悄然而至。

最近，我感到烦躁与不安，好像有什么事要发生，这些不好的预感，在一个血红的黄昏发生了。远处突然升起了一层巨浪，足足有二三十层楼高！它慢慢向我逼近，那个少年奔向岸边，不知所措，我开始不受控制地剧烈抖动，是海底地震！巨大的力量将这块大陆生生碰碎。顷刻间生灵涂炭，巨浪挟着我漂离这片海域，而那个不幸的少年，在他被浪花吞没前，那绝望恐惧的眼神令我心碎，我的伤口被海洋舔舐着，恍惚中，我仿佛听到了少年的声音，浪花里的歌。

我，是一座岛屿，一座千疮百孔的岛屿，我孤独地站在海中，回忆着那段美好却遗憾的记忆。我孑然一身地过了百年，树木已焕发往日的葱翠，却再也没有生灵去欣赏这一切了。某个寻常的日子，一艘小艇驶了过来，有三个人走了过来，一位长者，一个中年男子，和一个留着干练短发的女孩，他们看起来像是来科学考察，可能是少年的缘故吧，我对他们有一种天然的信任和喜爱。我这座岛百年来都没有一个生灵，见到这样鲜活的生命，我激动极了。想要把所有可口的果子，阴凉的天气全部给予他们，我们相安无事地过了两周……

"啊——"一声惨叫划破天际，我的心冰冷无比。清晨，那位长者的研究获得了突破口，他与那个女孩——他的助手兴奋地谈论着这绝妙的成果，我身上的树是百年前就已灭绝的稀有树种，这种树有很高的医用价值，对许多疑难杂症有治愈的作用，价值无法估量。就在二人兴奋地交谈时，那个渔夫，就是中年男子，起了贪念，拿起一个小臂粗的木棍，走出来恶狠狠地对他们说："这个岛是我的了，你们要么跟我一起把这些树拿到大陆上去卖，要么就别想再回去了！"长者沉声道："这些树木应该受到保护，应该交给国家！"渔夫一听，挥起手中木棍砸向长者，长者惨叫一声，昏倒在地。那个女孩趁渔夫不注意，跳到船上，离开了岛，电动发动机卷起浪花，拍在我身上，那是浪花里的歌。

与其让我孕育的树木落在那人的手上，不如烧他个玉石俱焚，鱼死网破！我用尽力量，使枯枝伸向那熊熊的火苗。顷刻间，火苗冲向茂密的丛林，人间地狱！我的身体在燃烧，我的心却无比冰凉，浪花拍着，浪花里唱的，是一座岛屿的哀歌。

一股清凉的水笼住我，直升机轰鸣，是女孩带着警察回来了，那些人扑灭了我的火焰，请来了专业的林业人员，他们为我疗伤，为我带来生机与活力，他们用自己的善良与热忱，填补我那颗伤痕累累的心。在他们的悉心照料下，我重新焕发了灾前的生机。那个女孩回到岛上唱起了歌，洁白的浪花抚摸着我，那是女孩的歌，是少年的歌，是浪花里的歌。

★西篱点评★

作者以非凡的想象力，以海岛拟人化的方式，讲述了两个故事：一个是百年前发生的沉船海难事件，留下一个孤独的少年，却又在海啸中丧生；另一个是科学家在对海岛的考察研究中，被贪婪的小人谋害。因此，海岛常常在浪花中听到歌声，是少年的，也是少女（科学家的助手）的。作者有很好的讲故事的能力，朴素的文字后面藏有深情。

浪花里的歌

汪宸钰　小学五年级　北京市

　　我听到了它的音符在闪动。茫茫一片，如层层翻起的雪浪，又猛地砸下。纯白色的泡沫寻着拨弄后的弦之痕迹，一边渐行渐远，一边归于平静。

　　它的名字叫大海。被憧憬，被敬畏。我学着先人的模样，聆听它的声音。跳起如鲸跃，如那纺纱的机器一瞬间失了音准，滑下去，流下来，卷在一起、合成一体。那一刻它停在空中——安静——紧随的是疯狂的攻城。它们喊杀着，大叫着，平滑悲壮的声音是最有气势的和弦，吞噬其他音符，融合旁边的旋律，如同教堂里的唱诗一般，无畏地向往光明和美好。第一抹白沫接触到海平层明明已经敲响了警钟，没想其他浪花根本没听，所余下的只有山崩石裂的怒吼声和所向披靡的碎浪声。这首歌，伟大的进行曲，既温柔又壮烈。有时，微风轻起则是它的小提琴独奏，狂风呼啸则是钢琴滑音。音乐诗人的创作很有深意，远处的千层浪入耳声低沉，若大提琴般深沉孤独；近处的蓝海墙砌出清脆和豪爽，若笛管般婉兮清扬。我不得不承认，它除去金粉的雕饰，还有波澜壮阔。

　　我忍不住探头望去。浪波如柳掠过池塘，如蝴蝶扇动着翅膀，轻轻浮动着，犹如大门口小孩子手里转着的拨浪鼓，单纯童真。浪花真的是花——不时有风吹过花瓣，它便摇曳着，只有风与太阳光碰撞的涟漪声。如果说镜中的影子是印象派的渲染，那么此时就是一首标准的、动听的诗歌。鲸不翻滚掀波，只是缓缓背着大海行走，一切似乎平静了一会儿。难得。没有一位作曲家会这么无聊，他等待海鸟的高音，等待微咸的海风吹着口哨路过，等待鱼儿轻轻一点水，等待深海的鲸挨不住寂寞悄悄挥去一支前奏。浪花便再绽放一朵，伴着沙沙沙的一阵儿。然后其他争相怒放，学着它的模样，咕噜咕噜先吐一阵泡泡，又甩出一些散去的音符，再是轻敲几下高音的声部，最后才是自己献出的、滑出的、送给大海的一串独奏。落音都很长，似乎承载着什么最低的曲调，才漫游到另一个小节，另一个方向。我侧耳倾听浪花的心事，却只有大把的呜咽、大把的泪滴，轻巧又乖张。我忽然想到了摇篮曲——对啊，深爱它的大海。它是大海的花朵。浪花的确是大海最优美的合奏。但它们散落在各处，光日夜腐蚀，风拍得它日渐浑浊。最开始纯澈的嗓音已经变为美声或者电音的曲子。华丽却繁杂。

浪花里藏着两首曲子，一首叫唤醒，一首叫安睡。

一首叫坚强，一首叫信仰。

★西篱点评★

我敢肯定这一定是个热爱音乐、懂音乐的孩子，文章中对大海景色的描述、对海浪波涛的音乐化想象，令人叹为观止。文章诗性的语言华丽却又妥帖，内容紧凑集中，将海涛和浪花的各种形态各种音响描绘得细致入微。结尾"浪花里藏着两首曲子，一首叫唤醒，一首叫安睡。一首叫坚强，一首叫信仰"，将对大海的视觉和听觉感受提升到精神价值境界，非常棒！

浪花里的歌

金慧善　小学六年级　沈阳市

　　她是一名职业美人鱼。

　　海是那么深，深到似乎一直见不到底，哪怕你一直在下潜。深海是安静的，无声的。这样冰冷寂寥的宫殿，除了"原住民"，似乎鲜少有人愿意来拜访。

　　一抹耀眼的金色如流星掠过，点燃了漆黑与空虚。美人鱼缥缈梦幻的声音时远时近，她转过脸，脸上洁净得很，笑容柔和安宁。

　　她四岁便离开家人，前往海边城市学习游泳。她患有恐水症，一看到大海，瑟瑟发抖，灵魂出窍。更别提下潜到深海，套上鱼尾工作训练了。教练和亲戚都担心，但她拒绝回家，一次又一次地跃入水中，前进……后退……前进……后退……

　　八岁，父母来到这个离家千里的城市看望她，母亲给她买了威化巧克力，还有她心仪已久的裙子。可母亲摸摸她的头后，转身接起了上司的电话，她听得分明，母亲还欠了一百多个盘子没有洗。她转身跑了回去，再没回头，泣不成声。

　　教练知道后，过来对她说："你可以说美人鱼没有泪水，因为她在水下，只有她自己知道她流没流泪。"

　　只有美人鱼自己才知道的泪水。

　　从那以后，她疯狂地增加待在水下的时间。有一个月，除了吃饭喝水睡觉，她就基本没上过岸。她从此很少哭，别人说："你是铁石心肠吧！""你的美人鱼扮得真好！"她回一个柔软到无力的笑，跃入水中。

当职业美人鱼一年后，有一个去公司当白领的机会，七大姑八大姨一致认为她会去，甚至帮她租了房。她一一婉拒，留在了这里。人们用异样的眼光打量她，把她当成一个"傻子"。她只是回应："陆地不是海洋，缺水，我待不惯。"这当然更令别人有了否定她的理由："还真以为自己是美人鱼了呢！"

她赚到钱后，总喜欢去危险的地方，依然是做美人鱼，尽管每次都被千般劝阻万般告诫，但她依旧我行我素。别人每次谈她，都调侃："在水里太久，泡坏了眼睛和嗓子，每次上来，眼圈都红红的，声音闷闷的。"

她做美人鱼做了十八年，在海的咆哮、浪的怒吼中，舞她的水下惊鸿。

三个月前，得到消息，她死了。在海下畅游，被暗流卷入漩涡。死前眼圈依然红，但笑得安宁。

后来每次看到令人心醉的海景，没法不想起她。海浪中，那抹燃烧一切的金色虽然消失不见了，但是，美人鱼缥缈梦幻的歌声，还久久回荡在浪花间。

★葛竞评语★

美人鱼有时不是浪漫与美丽的代名词，有时也会透出点点苦涩。对于文中这个要扮演成美人鱼去表演的女孩，生活的沉重让浪花演奏起了忧伤的曲子。作者选取独特的创作视角，展开了对世界、对生活的深入思考。

浪花里的歌

周可儿　小学六年级　杭州市

　　这是一个沿海的城市，是一个有丰富历史沉淀的城市，是一个有故事的城市：珠海。

　　在这座城市，你能闻到海浪声，能感到空气中的湿润。情侣路上，一阵海风吹着椰子树，带来夏日的闷热。

　　坐在车上，望了望窗外。几艘大船停泊在岸边，随着海波晃动，上上下下；远方，零星的几只小帆行驶着逐渐变成了一个小黑点，消失在夏风吹拂的一轮落日之下。浪花声"唰唰"地伴着我到了海边，上船游览。

　　港珠澳大桥，我，来了。《厉害了，我的国》向人们展示了祖国这几十年间的变化。港珠澳大桥连占"四个最"：桥长最长，海底隧道最长，工程最复杂，规模最大。如今，我坐在船上，从港珠澳大桥的远方驶近，有幸目睹她的姿态。

　　船外，水花声响。这是一座连接三地的桥，桥身很长，从远处看，仿佛是天空中的一道丝带，一条橘红夕阳下的蓝色锦缎。近了，更近了，她像丰满的杨贵妃，端庄却又有些庞大，像慈祥宁静的一尊雕塑，令人有些望而生畏。这样的一座桥，精致而雄伟壮观，不像一座桥，更像是艺术品，经过万人之手打磨而成的艺术品。

　　船内，播放起了熟悉的旋律："我和我的祖国，一刻也不能分割……""你可知Macau，不是我真姓……"这歌声，拉着我进入了无穷的思考。

听着浪花声，我闭上了眼。去年，叙利亚发生了战乱。那时，我发表了演讲。从叙利亚的战争讲到以色列、黎巴嫩的冲突，我说，我们不是生活在一个和平的年代，而是生活在一个和平的国家。是无数前辈们抛头颅洒热血才有了现在我们幸福的生活。我们之所以可以安心地坐在教室里不用担心炮弹袭来，可以不用在别人的枪口下惊惶地举起双手，可以有无忧无虑的生活，是因为有人在背后默默付出，努力奋斗。

可是，那时，我不明白，是什么力量，支持着中国走到今天，大风大浪也无法吹倒这个有五千年历史的古国。

我睁开眼，望着大海。听着海浪击打着船身。几只小鸟盘旋在空中。是精卫鸟吗？"口衔山石细，心望海波平"？我又想到许多中国神话故事。忽然，我明白了。

曾几何时，有人说中国人没有信仰。是的，中国人的确不信神。

西方神话中，火是上帝怜悯给的，而中国，是燧人氏坚持钻木取火得到的；西方神话中，遇到末日洪水，人们躲进诺亚方舟，而我们的祖先大禹则用疏通的方法治理，正面应对；西方神话中，太阳神是至高的，而中国的后羿，一口气射下九个太阳。

中国人不信神，我们信自己，门口有山，自己动手挖了；被海水淹了，自己日日夜夜衔石子填海；头颅被天帝砍了，照样也能挥舞斧头战斗。如果一个民族没有信仰，又岂能延续五千年呢？

我想，我们这个民族，便是凭借"坚毅"二字才走过来的。坚毅的英文为"grit"，即沙砾，是指经过打磨，不断地打击，依旧坚强。这或许就是我的答案了。

浪花里，歌还在放着，我浮想联翩。从抗日时的小米步枪，到火箭导弹，从C919大飞机到"墨子号"卫星，到"蓝鲸二号"海上钻井平台，到港珠澳大桥……中国何以凭借短短七十年达到西方国家几百年的科技发展水平？便是"坚毅"二字吧！面对困难不放弃，正面迎接，不信神，自己努力，依靠自己的力量。

看看窗外，风景依然如故。

浪花里，歌声诉说着中国七十年间的飞速发展，诉说着每一个中国人，每一位前辈坚毅的精神。

浪花里，我，明白了何为"知命"，是孔老夫子所认为的，永远不信命运，用自己的努力改变未来，改变命运。这与每个人的出生、家庭背景无关，这与中国百年前的腥风血雨无关，只与当下的每个人紧密相连。

我们曾经忍辱负重，但我们，也有自己五千年流传下来的精神。

卧薪尝胆七十载，鹰击未来上云霄！

★西篱点评★

这是一篇融合了叙事和议论的好文章。作者熟悉和了解中国古代神话，对社会现实也有一定的认知，文章以对港珠澳大桥的观感，阐释中国人的毅力和民族的精神。特别引人注意的是，作者在文章里较多使用短句子，表达清晰、准确，行文干净，值得初学写作者学习。

浪花里的歌

段国彬　小学三年级　西安市

　　"浪花里的歌"，大家知道是什么意思吗？不着急，不着急，等我慢慢告诉你……

　　浪花里有哪些歌声呢？我知道，有海浪翻滚唱出的歌，有小海豚在欢腾时唱出的歌，还有快艇在行驶时唱出的摇滚乐。

　　说到这里，我就想起了各种好听的歌曲。可是，我可没有想过浪花里还会有什么样的歌！我曾经听妈妈说过，世界万物都有歌唱的权利，比如，雨点落地唱出滴答的歌声。再比如，木凳子吱吱呀呀唱出的歌声。那么，浪花中的声音还不简单吗？

　　我猜，到了不同的季节是会有不同的歌声的。

　　春天，万物复苏，柳绿花红，鱼儿时不时跳出水面，唱出"吧嗒"的歌声。这时候的水流也急起来了，唱出"哗啦啦"的歌声。

　　夏天，鸟儿们纷纷下水捕鱼，出水时唱出"啦啦啦"的歌声。

　　秋天，是个丰收的好日子。一个个果实都纷纷掉入水中，唱出"扑通"的歌声。

　　冬天，寒风刺骨，天寒地冻。地面上有许多雪块，寒风一吹，它们便像小土豆儿一样滚入了水中，唱出"嗒"的歌声。

　　浪花里有许多美妙的歌，大家现在知道是什么意思了吗？

★葛竞点评★

　　小作者描绘了一支四季浪花交响曲，巧妙地把大自然万物与海的交融以声音的方式展现了出来，语言生动，个性鲜明，读来仿佛走入了文中那个生机勃勃的世界。

浪花里的歌

党昕乐　小学五年级　西安市

浪花里，有歌声呢。不信，你听——

卿鸾是个胆小懦弱的小姑娘，明眸皓齿，长发如瀑，算是个美丽的小美人儿。可是，她很爱哭。只要她一掉眼泪，不管什么事，爸妈都会妥协。

但这一次，她失算了。

"小鸾，这件事我们无法答应。"爸爸一边收拾一边说，"我们必须要搬家。"卿鸾泪汪汪地问："为什么?"她好不容易交到朋友，为什么要离开?"小鸾，"爸爸停下来，认真地看着女儿，"你要学会面对自己不愿面对的事物，而且你会发现，它们没有那么糟。"卿鸾止住眼泪，若有所思。

新家在海边。

妈妈带着卿鸾去海边散步，卿鸾一路心不在焉。"浪花里，有歌声呢。"妈妈突然说，"你听——"卿鸾仔细听着，一脸失望："妈妈，明明没有啊。"妈妈说道："有的，那是勇敢者之歌。""是吗?"卿鸾将信将疑。

三个月后。

"呜——小提琴太难了! 我不学了!"卿鸾抱着琴谱号啕大哭。这首《浪之声》她练了一个月了，但还是拉不好。死板极了。

爸爸带着卿鸾去散步。他们一同走在沙滩上。爸爸轻轻遮住卿鸾的双眼："小鸾，放松，听——"卿鸾听话地放松肩膀，仔细听了起来——喔，是海浪的声音，好像风吹过树林的声音。应该还有几只海鸥，它们像海上的精灵，活泼可爱。海上是不是还有一轮残阳呢？要不然为何海浪的声音那么悲哀？像妈妈的歌声，声声迭代，无穷无尽，让卿鸾觉得自己成了一尾小鱼，在海洋里自由来去……

"我明白了！"卿鸾激动地拉下爸爸的手，跑回家。她拿起小提琴，跑回大海边，先倾听大海的歌，然后轻轻拉起来。

悠扬的琴声随风飘散，与浪声相呼应，相结合，相交流……似浪，似涛，深入人心；似吟，似唱，声声动人。爸爸站在一旁笑而不语。

浪花里的歌，是自然之歌。卿鸾想，听到了，她听到浪花里的歌了。

又是三个月。卿鸾要在新年活动中参加小提琴表演。

"卿鸾，你怎么老是脱拍啊？"两个同学气势汹汹地问。什么呀，明明是她们节奏把控力不强嘛。卿鸾握着小提琴微微颤抖，埋下头，看地面，一言不发。她对自己的琴技心里有数。

怎么办呢？她心想。

回家把这事告诉妈妈，妈妈说："你要告诉她们呀。""我说了，可、可她们不听！""那你可以一个人独奏啊。""啊？不行！"卿鸾跑出门，来到海边。一旦她有什么心事，便习惯去海边散心。

"你可以一个人独奏啊。"妈妈的话回响在耳边。

"我可以吗？"卿鸾问自己，她有点想哭。可是哭没用。

"大海，我卿鸾可以吗？"卿鸾用尽全身力气大声喊道。"去吧，去吧……"浪花里，传来歌声。卿鸾愣住了，随即握紧拳头，我，可以的！

一个月后。

"下面有请卿鸾表演小提琴独奏《浪之声》！"

在听到如海浪般的掌声后，卿鸾一下子不紧张了，她仿佛又回到了海边，又听到了浪花里的歌。

在场所有人都如痴如醉。

一曲终了，海浪般的掌声再次响起。掌声经久不息。卿鸾恍惚间又听到了浪花里的歌……

其实，浪花里，有歌声呢。不信，你听——

★葛竞点评★

苦练小提琴的女孩面对困难与挫折，海浪的歌声却让她找到了前进的方向。浪花之歌中饱含着人对自然的思考、自然对人的启迪，文笔清新自然，娓娓道来。

第四部分

走过澳门

　　澳门北邻广东省珠海市，西与珠海市的湾仔和横琴对望，东与香港隔海相望，相距六十公里，南临中国南海。澳门独特的地理位置和历史背景，让澳门拥有了深厚传统内涵的中华文化和以葡萄牙文化为特质的西方文化共存的并行文化，这是一种以中华文化为主、兼容并包的共融文化。提到澳门，你会想到什么呢？当踏上澳门的土地，走在街头巷尾，慢慢感受这座城市的风土人情和历史积淀。大三巴牌坊、澳门博物馆、林则徐纪念馆……这座饱经沧桑的城市，尽显东西方文化交融的魅力。走过澳门，你有什么所思所想呢？请以"走过澳门"为题作文。

走过澳门

丁耀宗　初中二年级　重庆市

　　我是一名旅者，我一路走过无数城市，从未见过一座城如澳门般美丽。

　　澳门，中国南方的一片圣土，无数梦想的种子在这里飘落，开出绚烂的花儿！而我，也怀着一个心愿与无尽好奇终于来到了这里。

　　翻开历史的画卷，我纵身飞到古代。我看到第一个来到这里的人，在见到了绝美的大海，吹够了海风之后，便满意地留下来，与澳门相伴。一跃几百年，人类在这里建立了城镇，然而却并不美好，因为来这儿的人们几乎都是被流放而来，为受罪而来。于是，这里被阴霾笼罩着，人们知道这个地方，却不愿意来到这里。

　　终于到了隋唐，经过这之前长久的混乱，人口迁移，来到了南方。人们终于发现，澳门是个美丽的地方，大量的人涌进来，于是，包括澳门在内的中国南方都发展了起来。历史再推进，有一天，一艘来自遥远西方的船停在了澳门，打通了中西方的交流。澳门，像一个纽带，把中国和世界连接起来。

　　十六世纪又一艘船的到来，再次打破了这种美好，这艘船来自葡萄牙。于是，这里战火打响，很快，澳门就沦陷了。

　　这是一段常见的阴暗的时期。

　　终于到了近代，经过中华儿女共同的努力，澳门回归了，我会永远记得那一天：1999年12月20日。

该说现在了，我走进这里的每一座博物馆、教堂，穿过这里每一条街，走到大三巴牌坊，用手抚摸曾经被烧毁的墙，我的内心十分震撼，我悲痛惋惜着历史，同时，我也为澳门的现在的繁荣而骄傲。

澳门，国际的大都市，世界人口的交会口，海上花城，浪漫之都。这里积淀了厚重的历史，却又展现着最有活力的现在。

澳门的风，澳门的情，关于澳门的一字一句都一点一点烙印在我的脑海里。崇高的澳门啊！此刻请倾听我最虔诚的欢呼与祝福。

旅程很短，一天之后，我便要离开这座美丽的城市。一个强烈的愿望在我心中萌生——眺望大海。看着无尽海边的时候，我或许会想象几百年前的第一艘船和最后一艘船的到来，一个带来光明，一个带来黑暗。然而无论是哪一艘船来时，天总是蓝的，海也总是平静的，澳门以最宽容的心，迎接每一个到来的人。当然这只是我的想象，我没有能够去海边，只得匆匆赶回。

无数的人走过澳门，留下了故事，留下了足迹，我此行走过澳门，只留下一份回忆，只带走一份美好！

★沈石溪点评★

文章思路清晰，从两艘船驶进澳门作为象征，隋唐人口迁移，发现澳门这块美丽的土地，一艘来自西方的船打通中西地交流，澳门变成一个纽结，把中国和世界连接起来。而另一艘来自葡萄牙的船，带来了隔离和黑暗。文字通顺，情感真挚，叙述流畅，在一个很短的篇幅里，把澳门的历史和现实展现出来，显示了作者很强的文字表达能力。

走过澳门

刘蔚琪　初中一年级　深圳市

在漆黑无人的夜里，信仰是唯一的灯。

——题记

澳门的午后，阳光倾泻。在刚经历了一次模拟联合国大会的我的眼中，似乎一切都附上了鲜明的政治色彩。我们讨论历史，愤然控诉葡萄牙殖民者的暴行；一张张年轻的脸上，写满仿佛改变世界的自信。我们可以！成为下一个不再任人宰割的国家。

随后，仿佛巧合，那个午后我站在澳门的街道上，雄伟的大三巴牌坊亦如微笑的老人，在阳光里安静地站着。身边车水马龙，它岿然不动。

这大三巴牌坊是基督教的产物，但上面安详的大天使似乎并没有保护它免受磨难。现在这牌坊是重修的，自它建成以后，于十九世纪前前后后重修了两回。它第一个轰然倒下的瞬间源于一场大火，烈焰爬上它的肩膀，于是它孤立无援地粉碎，碎片一片片划过中国人的心。

"不行。"于是大三巴牌坊又一次站起来，骄傲的身子仿佛对大火无情地嘲笑。

正如它脚边那仰望它的民族，倒下去了，就一定要重新站起来！

我望着它，牌坊巧夺天工的花纹和精美的浮雕在温柔的阳光下将我带回十九世纪的颂歌和赞叹中，圣母对我温暖地微笑，她洁白的身体倚在窗框上，眼神正坚定地投向远方。

这望穿一个世纪的目光在追逐什么？一道牌坊，隔开今天和昨天，在历史的旋涡中摇摇晃晃，却从来改变不了它的位置！那大火烧吧去跌倒吧葡萄牙殖民者尽管来吧，澳门，似乎从未恐惧过。

历史对于澳门似乎充满偏见，从前它的名字总是和香港放在一起——那是陌生的、遥远的、非大陆的中国。但随着科技发展国家进步，"珠三角"成了经济"领头羊"，港珠澳大桥连起了三地人民的心。这次拜访美丽的澳门，澳门基金会热情的招待更是让我坚定地相信澳门和我们一样渴望强大起来，中国人，本就是一家人。

澳门，一朵盛开在历史汪海中的花儿，就如这大三巴牌坊般，站在今天与昨天之间望向世界。它经历过太多苦难，太多慌张，太多不忍，但依旧坚信一个灿烂的明天。

风雨飘摇，我们走过漆黑的长路，信仰是唯一的灯。孙中山先生"天下为公"的信念，林则徐先生待国如家的情怀，港珠澳大桥横过林鸣先生白发的大海……和大三巴牌坊一样，中国人倒下去了一次又一次，但我们爬起，坚信明天会更好！

走过澳门，这精神是你也是我，应共勉！

★西篱点评★

刘蔚琪同学的文章语言非常地质朴，字里行间透露出他理性的思考，也表达一个坚定的信念，他说："我们走过漆黑的长路，信仰是唯一的灯。" 我想说，谢谢你，刘蔚琪同学，我记住了你的这句格言。

走过澳门

李睿　小学六年级　西安市

澳门，Macau。

——题记

我在历史的长河中行走。我见惯了血雨腥风，厌倦了昌盛王朝，也无所谓那王朝的没落。可是，当我走过几个时间点，知道了几件事情后，我露出了惊讶与敬佩的神情。

走到了1553年，我发现了它。

浩瀚无际的大海，令这个葡萄牙人叹了口气。他是这艘船的船长，在这片大海中漂荡了好几个月，饶是他经验丰富，也不禁对自己的航向产生了一丝的怀疑：真是往这儿走吗？

毫不犹豫地，葡萄牙人猛地摇摇头，想将这点怀疑扼杀于脑海中，可这个念头却如扎根了一般，怎么甩也甩不掉。这个想法很危险！突然，一名水手冲到了他的身边，手舞足蹈，大喊着："陆地！"

葡萄牙船长激动了，他一把抢过了水手手中的望远镜——真的是陆地！他立即下达了指令，前往那片陆地。

很快，他们在那片陆地着岸了。还没过多久，有几个官兵来了，这些官兵将他们押送到了一个地方，两旁是士兵，中间有个翻译家，翻译家旁是一个类似最高领导者的人。经过一番交流，葡萄牙人知道了这片区域由一个名为"明"的王朝掌管着。他一番试探后发现，明王朝似乎较腐败，人民、官员似乎都有怨气。此时，他心中突然冒出一个想法……

自此，史书记载，1553年，葡萄牙夺取中国澳门居住权。

这是我第一次走过澳门。

继续走着，我又见证了数次政权的盛衰，见证了社会的艰辛进步，并且，又一次走过了澳门。

1999年，我又一次走过它。

这是台黑白电视机，几个年轻人都凑在电视机前，聚精会神地看。

他们是一个宿舍的同学，合资花大价钱买下了这台黑白电视机——他们都只为了一件事儿买的，这几个年轻人此时似乎都很紧张，他们不说话，呼吸也很轻，似乎在等待什么。

等待什么呢？

随着中华人民共和国国歌的响起，中国国旗缓缓升了起来，随着国歌最后的乐音落下，中国国旗也升到了旗杆的最高点，随风飘荡。这面鲜红的国旗终于代替了葡萄牙国旗；那片土地，那个大陆的孩子，也是终于回来了。

几个年轻人都红了眼眶，他们挥舞着拳头，大声地大叫着："中国收复了澳门！中国站起来了！"

此时，史书记载，1999年，中国收复澳门。

这是我第二次走过澳门。

很快，我跨入了二十一世纪，见证了技术的高度发达和社会的迅速发展。每天都可以说是日新月异。

不过，没想到，我又一次与澳门碰面。竟如此之快。

2014年，我凝视着澳门，心中充满惊讶与敬佩。

习总书记制定了粤港澳大湾区的蓝图，三个城市由港珠澳大桥相通，使三个城市共同繁荣、连接得更为紧密。

这三个地方，我凝视最久的，是澳门。

当然，提到澳门，我也不由得看向了连接澳门的港珠澳大桥。这架大桥，似乎是世界上少有的三条跨海大桥之一，并且它是最长的一条。最令人惊讶的是，在建造这座跨海大桥前，中国没有任何的经验，在这方面可以说是刚会走路的小娃娃。于是许多人等着看笑话——但，结果却令他们目瞪口呆：这个小娃娃竟然真的刚会走就能飞？建造了难度如此之大的跨海大桥？于是，这座大桥成了中国的象征——强大、繁荣的象征。

　　在澳门，我看到了许多中西交汇的景点。看那中西交融的大三巴牌坊、玫瑰圣母堂，观那象征中国强大与伟大的林则徐纪念馆、炮台；还有澳门的本土文化名胜，澳门博物馆与妈祖庙。这些都可以看出澳门的文化特色——中西交融。

　　可是，转念一想，透过这层表面，不也映射出中国的强大吗？中国的强大不仅是在国力上，更体现在意志力；自1553年澳门被夺，新中国成立后，日日夜夜心系澳门，无论是多大的压力，受到多少警告，中国都在尽全力地运作，希望可以将澳门收复。最终，上天不负有心人，中国成功了。

　　而意志强大的结果也直接体现在国力上。你看那港珠澳大桥，不就是意志强大，才令中国不顾困难，日夜攻克这个难题吗？还有澳门的许多地方，都十分繁荣却未被其他国家洗劫，这是为什么？不正是因为中国的强大吗？

　　我敬佩的目光顺着港珠澳大桥远去，直到那片大地。

　　转身，我又走过澳门，细数，已是第三次了，我对这片土地，怀着无比敬畏的心态。

　　并且，我相信，这种敬畏，会顺着港珠澳大桥，传到那片土地。

　　名为：中国。

　　史书记载，二十一世纪初，粤港澳大湾区计划开始实施，中国，更加强大。

★沈石溪点评★

　　叙述角度巧妙，从一位历史智者的角度，讲三次走进澳门。第一次1553年发现葡萄牙人占领澳门。第二次1999年中国收回了澳门。第三次习总书记制定了大湾区发展蓝图，建起了港珠澳大桥。从三个时间点，清晰点出了澳门的历史与现实。作者有匠心，巧构思，选择一个最简洁的切入角度，讲究写作技巧，值得称赞。

走过澳门

李昊昱　初中二年级　北京市

我在这世间行走，记忆是唯一的行李。走过澳门，收益良多。

"澳门位于珠江口西侧，是一个三面环海的半岛，因其地理条件的特殊性，这里……"随处可见这种对澳门地理的介绍，但当我们实地坐上游览大巴，行驶在大面积填海造陆的土地上，一边喟叹满足于车内十足的冷风、一边头疼于室外的炽热时，才真觉百科内容鲜活灵动了起来。

澳门是一个承载着深沉历史的地区。一五五三年，葡萄牙人进入澳门开始租借这片土地，直到一九九九年主权回归，澳门留下了许多曾做殖民地的痕迹。炮台记录着对荷兰人、英国人的战事，以背朝祖国大陆的姿态表达着绝对的忠诚；大三巴牌坊烙刻着传教士的足迹、一座教堂的焚毁甚至信仰；妈阁庙内烟雾缭绕，绰约间是神佛慈悲的面目和香客头磕蒲团瞬间虔诚叩首的姿态，千百年来对神灵的敬畏化作呢喃在耳畔低语倾诉……

一方水土养一方人。每一个澳门人都是澳门印象的浓缩。

他们的情感是丰富柔和的，面对过去的历史，他们总存着些许温情。旧城区的楼房中古迹随处可见，它们外表沧桑，内里却是崭新华美的现代装修，令人着迷。但这份怀旧并非固执的，在导游话语中，我身临渐渐化开、成为影像的故事中：澳门人打死了骑马横行于田地中的蛮横官吏，并在回归时丢弃了这官吏的那座雕像——

他们有自己的底线并敢于维护它。

这份自尊自立和坚持也一直延续到了现在。九年时间，这片地域的人用一架"港珠澳大桥"给所有关注的人交上了一份令人瞠目结舌的答卷。这座被称为"世界七大奇迹之一"的工程，就有他们的付出。

在澳门的不断发展中，除却传承，澳门人也并不故步自封。他们发展博彩旅游业，每年定时举行的赛车比赛，各式各样的度假村和影城等娱乐场所筑起的高楼伫立在城市中，城中兴建的绿色生态街景各具特色，衣着时尚、前卫的不同肤色的密集人流等，都反映了澳门人热爱并追求丰富的有品质生活的特点。

他们这样的人点亮了澳门的生命与活力，搭配上中西交融、风情独特的建筑，更是风采绝伦。

走过澳门，人文与建筑的确令人印象深刻，但我更沉醉于这座热带风情地区的自然景观。

晨起，雾气氤氲中看不清太阳，之间有光如水波一般不断变幻着、递进着层次的颜色。灰色、蓝色、鹅黄、浅橘以及樱花色泽的光晕次第涌现。因着台风的干系，澳门的天大多是灰蒙蒙的，没有亮堂的光景，只有在近午时偶能窥得原来天幕的一角容貌。当面纱褪去，嫩嫩的蓝天上是一片连起的云层，不似棉花糖一样厚实甜软，而是略有单薄、带着神秘气息的一片，再仔细看去才能隐约分辨出深浅薄厚。这时林立的高层楼宇大面积的反光玻璃上，映出的就不再是雾气了，有太阳跃动的光芒突破云层、穿刺过雾气，仍夹带着灼热的热度在上面呈现出来。大地也随之亮了起来。

绿色也占据了很大面积。高壮的棕榈、梧桐是天地的脊梁，稍低的林木是主干上的皮肤，而些许色彩瑰丽的花草则是绮丽的衣裙。它们交织在一起，奏响生命力的华彩乐章。在带给人以美的享受外，它们也是人们遮阴避暑的保护伞，是空气的净化卫士。

当然还有水。各种大小的河、湖、人工池塘等是这片填海造陆占主的土地上来之不易的景观，是灰绿色的一片中润美的珍珠。

走过澳门，你能学很多，更能爱很多。并且，走过澳门，让我能在彩色中朝圣黑白，寻求人生的格调。

★西篱点评★

李昊昱同学同样也写了澳门的深厚历史，同时，他也写了澳门人的丰富情感，写了他们的自尊自立，以及他们对生活的热爱和追求。他写到了城市与人的关系，就是这些情感丰富、自尊自立、热爱生活、不断追求的澳门人，点亮了澳门的生命与活力。另外，在李昊昱同学的文章中，我还看到了他在描绘环境与自然景色时，对语言的运用和把控能力。他把他眼里的风景描绘得栩栩如生，让我看到了他在文字表达方面的巨大潜力。

走过澳门

李欣雨　初中一年级　西安市

　　一望无际的海面上，几只洁白的海鸥在嬉戏、玩耍，尾翼时不时带起一朵朵晶莹的浪花。再次远眺，一座洁白大气的长桥像一位霸主般横跨在海面上，竟是一眼望不到尽头。其设计造型似线般流畅、简约，独特的风帆造型更是大气不失唯美。

　　这便是我国修建的、迄今为止世界上最长的跨海大桥——港珠澳大桥。它沟通了香港、珠海、澳门三地，我便是从这里走过澳门，见识到了澳门独特的魅力。

　　在澳门众多景点中，我最喜欢的便是澳门博物馆与海事博物馆。澳门作为一个城市的历史只有短短不过四百年，但它有人生存过的痕迹，距今起码也有三千年。即我国商周时期，青铜文化开始飞速发展的时候，南方的百越之地，也逐渐形成了属于他们自己的文明。

　　我见识到了惟妙惟肖的郑和下西洋时的宝船，见识到了葡萄牙、古埃及以及日本的战艇船只，也了解到中国古代的墓葬制度，了解到林则徐虎门销烟等历史知识。本来极为兴奋的一场旅程，却让我感觉很无奈，这是为什么呢？

　　"叔叔，这儿真的不能用人民币吗？"

　　柜台前的人摇了摇头。

　　"那可以用微信或者支付宝吗？"

"不行的小姑娘，"那叔叔善意地解释道，"我们这儿只收澳币。"

"哦好吧，谢谢。"我只好无奈地点了点头，转身打算再换一家店去问问，可却又被那个叔叔叫住。"小姑娘，这种明信片是免费的，还有我们邮局自己的印章，要不要写一张，我帮你邮到你家去。""不，不用了吧……"我有些尴尬地笑笑，但脑子里想的却是：等你把明信片邮到咸阳，我估计到家都要一个月了，实在用不着这种东西。

叔叔却执意邀请，为我挑了一张玫瑰圣母堂的明信片，并亲自给我盖上一个漂亮的蓝色印章。"没关系，一看你就是第一次来澳门，还是带上点东西回去吧。这又不用你掏钱，多好的。"我推辞不过，便趴在柜台上写了几张明信片。但我执意不邮，所以就夹着一沓各地的明信片出了邮局，并再次向那位热情的澳门叔叔致谢。

我认为澳门不收人民币只是一个低概率事件，但当我包里装着厚厚一大摞各种各样的东西并且蹭吃了一块杏仁酥后，我得出了两个结论：一、澳门不收人民币，不用微信、支付宝是一个高概率事件；二、澳门人很热情，只要你想，你可以从街头吃到街尾吃到撑也不用花一分钱。

当在澳门生活的最后一个中午，老师带我们去赫赫有名的美食天堂吃饭时，我已经对购买纪念品彻底失去了欲望。但十分有嚼劲的牛肉和清爽的菊花茶还是勾起了我的食欲，让我的心情大好。吃完饭后老师提出，你们可以到周围稍微转一转，买点自己想要的东西。

虽然我身上没有一分澳币，但想逛逛也不是什么不行的事。但我还是被一家甜品店吸引了目光：晶莹的西米露，软糯的糯米糍，颜色鲜亮的水果冰激凌。我忐忑不安地怀着最后一点希望的火种问道："请问这里可以用人民币或者微信支付吗？"

"可以。"那澳门的姐姐普通话极不标准，但她微微颔首。我明白了：我终于可以畅快地随意买买买了。"姐姐，我要那个双层水果冰激凌、杧果糯米糍，再来一大块草莓慕斯蛋糕。"

当结账时，姐姐问我："你是用微信还是人民币？"

"呃……有区别吗？"

"如果人民币交易，则只能与澳币1：1.17兑换交易。如果用微信，则会把澳元自动转化为人民币的金额扣除。"

我恍然大悟地点了点头，想到一百人民币大约能换一百一十七澳币，便选择了微信支付。最后结出账单一看，在澳币与人民币兑换的基础上又打了折扣，心中不免有些小惊喜，我又在很多地方给朋友买了许多称心如意的纪念品，皆用的是人民币或者微信。

因为网络的发达，现在澳门的很多商场也有了微信、支付宝，并且可以使用人民币。这让澳门更加融入祖国，让两岸人民的交往更加方便，亲如一家。

我走过澳门，游览了澳门的山水，体会到了澳门独特的魅力。并且我还相信，澳门将会更加热情地与内陆产生联系，更热情地投入到我们伟大的祖国怀抱中去。

★西篱点评★

当大家都在讲述对澳门历史和文化的感受和认知的时候，李欣雨同学感受澳门独特魅力的视点落在澳门的消费及其支付方式方面——和内地不仅一致，还有鼓励性的折扣。以小见大，从此处可以看到澳门在祖国的怀抱中正越来越好地发展。生活处处有文章，重点在于观察和发现。

走过澳门

何佳磊　初中一年级　深圳市

　　一生中，总会遇到很多事情。些许惊艳了时光，些许
温柔了岁月。

——题记

　　十三年，走过了很多的路。有乡音中的伶仃石板；有尘世中的
喧嚣街道；有梦里寻她的夜雨长廊。澳门像一座古老书院，我似一
只白蝴蝶儿，一步，两步，倾听脚步，倾听其间封存着的太多不为
人知的秘密。

　　晨光熹微。

　　头上顶着喜鹊窝的我并不满意时常挣扎的空调与忽闪忽暗的厕
所灯盏。阳光被玻璃分割成一条条斑斓的光线，在杂乱的寝室中莽
撞地逃窜。艳阳天并没有阻止风的胡乱舞蹈，不觉间，紫色的小花
碎了满地。望望天，一声叹息。

　　听说今天去澳门，十分期待。

　　一路上并不安稳——并不单指坑坑洼洼的泥坑，还有时而传出
的要将车顶掀开的诡异喧闹。

　　渡船去参观。对港珠澳大桥的了解仅停留在其海豚般的形态及
其是二十一世纪第八大奇迹，却不禁想了一路的《泰坦尼克号》：
海浪澎湃，杰克与露丝相伴于船头，浪漫之感油然而生。一转又见

黑云翻墨，白雨跳珠，残垣中记载的那抹悲伤回忆。

假想间竟出了神，踩着鞋带险些摔了一跤，头痛欲裂。

到了澳门，车缩水了些，需缩着坐，还时不时爬出些异物。导游是个黝黑的小老头，戴着帽子显得十足机灵，讲起话来抑扬顿挫的。

先是到的大三巴。导游吭喝着，一把汗一把汗地抹着。大三巴名不虚传，着实雄伟，其中蕴含的东西方文化之融合、碰撞让人叹为观止。

要我说澳门博物馆，其首上就得加上两个字"迷你"，太小了，博物馆倒没记住啥，导游一把我们放下便"跑"了，却引起了我对这位导游的兴趣。

澳门是不大的，于是乎车道也变窄啦？这无疑是个非常唯心的认识。

玫瑰圣母堂是肃静的，但对我们这些还未入乡随俗的小混孩儿们便是稀奇了。一路上欢声笑语，像千万个醉酒的诗人在天上拍手狂歌。导游有些气愤，鼻孔微张，却又无可奈何，只得用他那短小的手指一遍又一遍地做出"嘘"的动作。

圣母堂外的小紫花开得正好，肿胀的花蕊像一张鼓满的船帆。又像一个忍俊不禁的笑容，就要绽开似的。风轻轻拂过，花儿随风摇摆，倏远倏近，便似与我相乐。

晚餐十分丰盛，吃了乳猪、鹅掌等各式珍肴，皆为美味。

澳门的夜晚不同于其他地方的夜晚。其不那么落落孤寂，倒像一行耀眼的灯火，将永不散去。

第二天凉了许多，精神倍佳。

车驶往海事博物馆，导游在车上跟我们讲起了他的故事。他跟天下父母一样，谈到孩子便滔滔不绝起来：我女儿上了个好大学呀，我女儿成绩特别优异呀；若你到我家来，我女儿定会很喜欢你呀……罢了，竟是一脸灿烂。

妈祖庙与海事博物馆连接在一起。妈祖庙中人山人海，黑压压的一片，多是虔诚的信仰者，手上戴着念珠，脖颈上挂着玉牌，与庙外的人格格不入。

海事博物馆较澳门博物馆更大些，里面陈列的多是船与古人。许多人在找导游换澳币买纪念品，他不仅没有窘迫，反倒是一脸愉悦，相信他也很享受这般幸福吧。

准备返回珠海，导游向我们道谢。一鞠躬，脸上挤出一抹微笑。皱纹布满了他的整张脸。又有谁曾知道，他为女儿，为家庭付出了多少个不眠之夜？

他是个普通人，也是个英雄。

回忆此次旅行，受益良多。各种建筑、文化惊艳了这一行时光；一个普通人，一个英雄也温柔了我的岁月。

宿舍前的花儿又开了，姹紫嫣红。其间，漾着一抹我的笑颜。

★西篱点评★

十三岁的少年，正是天真烂漫却又敏感多思的年纪，所以常常在对现实经历的叙事中走神，观察到、倾听到别人大概不会留意到的东西，比如一缕光芒，一些声音，一片小花……作者的文字充满诗意，一些感受性描述十分出彩，比如对圣母堂外的小紫花的描述，令人难忘。而对导游的观感和揣测，又体现了少年对人性敏锐的把握和认知。

走过澳门

张妤萱 初中二年级 武汉市

在汹涌澎湃的珠江口左侧，有一方神奇的土地。它不叫 Macau，它唤作澳门，它曾经饱受屈辱，它曾经泣血呼唤，终于又回归了祖国母亲的怀抱，沉沉睡去。

如同幼时母亲在床边给我讲述过的神秘传说，未谋面的澳门令我心驰神往。于是我背上行囊，极目远眺，我想用双脚丈量澳门的尺寸，聆听澳门背后神秘莫测的故事。

这是起航。

(1) 对面

珠江。它以一己之力哺育珠江三角洲，大江东去，注入南海。

曾几何时，珠海、澳门、香港隔着几道海湾遥遥对望。而在澳门落入葡萄牙殖民者之手时，滔滔碧水便成一道天堑，对面的两个亲人，近在咫尺又远若天涯。

后来便有了港珠澳大桥的故事。

这本不可能。如此长的一座大桥，如此宏大的工程，站在一方望去根本不见尽头。可它偏偏成了，连接着港珠澳，无数人流车流来来往往，仿佛纽带，将大陆人、香港人、澳门人的心连接在一起。

我从珠海出发，经过港珠澳大桥，走进澳门。

（2）直走

澳门与内地的城市的确有很大差别。这里处处有葡萄牙的痕迹，葡萄牙的建筑，葡萄牙的风情……当然，这里是中国，来往行人皆黑发黑眼，澳门就将中国和葡萄牙糅合在一起，形成了独特的澳式风格。

石子路，繁体字的拐角。我转过大街的尽头，这里是一个路口，看见一位母亲正用粤语温柔地向地上一个女孩说着什么，打领带的白领匆匆接着电话路过，一切温馨又真实，忽略繁体文字和人们的语言，这里看上去就像内地一个普通的早晨——哦，还有他们背后欧式风格的一片建筑。

如果向前直走，就可以窥见大三巴牌坊。栩栩如生的天使浮雕，盘旋而上的藤蔓花纹，圣母圣子的雕像，表情慈悲又怜悯。这里曾是圣保罗大教堂的正面前壁，几次大火后整座教堂毁于一旦，只有它保存了下来。

也许上帝慈悲，我想，毕竟谁也无法看着一件精美的艺术品破碎而无动于衷。

它象征着一个时代，葡萄牙人在澳门遍地都是的时代。当那个时代过去，它作为历史的产物被保存了下来。它就是历史。

我踮起脚，从高处往下望玫瑰圣母堂。一片白黑红中，玫瑰圣母堂鹅黄色的外壁尤为显眼。是的，那是红衣主教头戴教冠，红色长袍十字架，怀抱《圣经》和一颗对上帝万分虔诚的心，出入教堂，祈祷时说"阿门"，炽天使环绕着上帝塑像。

有奉耶稣，有奉圣母，可那些不重要。

重要的是，那些已成过去，只有将来。

（3）拐角

从葡萄牙人入侵澳门往前观测历史，回溯，我们还可以看见属于中国的部分。

福建、广东等地东南沿海，旧时以渔业为生。而海上风大浪急，渔船颠簸，稍有不慎便会葬身鱼腹。渔民在遇见风暴时是绝望的，他们祈祷东方神祇的帮助——对，他们信奉妈祖。

妈祖在传说中是一个善良美丽的渔家女子，姓林，得神仙授传而成神，庇护一方海峡。在澳门便有妈祖庙，香火茂盛，是澳门著名的景点之一。

妈祖文化起源于中国，独特而又具有神话色彩。她与船连接在一起，密不可分，人们都希望在遇见危险时，在海上见到那身披神服的高髻女子。

如果还要说的话，有一位德高望重的中国官员值得我们提一提——他姓林，名则徐。

虎门销烟的故事早已深入人心，不需要再多叙述。书中几行字，便描写出这位为国为民的大人物面对鸦片始终坚持禁毁的态度。他坚持一心，一生都在为百姓的生活而奋斗，"苟利国家生死以，岂因祸福避趋之"。他爱着国家，爱着人民，他不为一己私利，深深影响着后来者，比如左宗棠。

林则徐在澳门有一座纪念馆。我追寻着这位大人物的事迹，试图挖掘出深藏在历史尘埃中的人物记忆，仰头看着这位先贤的照片，我好像明白了什么。

无论过去多久，忧国忧民，爱国爱民的精神永不过时。

譬如现在。

丹青史册，永不褪色。

（4）折返

——怎么样，你了解到澳门的秘密了吗？

——也许吧。澳门所有的，是从长河中捞出却不蒙尘的历史吧。

——真是个惊喜啊。现代和历史，澳门皆有精髓。

窗外飞速掠过景色。大三巴、炮台、港珠澳大桥，东方和西方在此交融碰撞，最终孕育出澳门这颗明珠。走过了澳门，便是走过了历史。

我低低地笑了起来。

其实好友说得并不对。澳门不是东方和西方，至少不只是。它有的，是过去、现在和将来。

我想，这是归来。

★沈石溪点评★

作者文字能力强，文学素养较深。用"对面""直走""拐角""折返"四个小标题来描写澳门的所见所闻，有创意，层次分明，文章显得有节奏感。描写澳门街景，与众不同，写葡萄牙留下的痕迹，写出了澳门的特色。结尾收得不错，澳门不只是东方和西方，它有的，是过去、现在和将来。

走过澳门

张敬晗　初中一年级　天津市

　　我跟着夏令营的行程走过澳门，现在如若有人问起我对澳门的印象，我便会脱口而出一个字：热。这里的热有两个意思——天气热和人情热。

　　先来说说天气热，我们乘大巴抵达澳门，一下车，便被眼前的景象镇住：川流不息的游客与居民、紧贴而建的建筑将澳门构成了繁华的都市，我随着导游行走在澳门的街道上，滚滚热浪席卷而来，阳光像利剑一样直射大地，把道路上的黑白色石子照得闪闪发亮。导游说，我们脚下的石子路已经有几百年的历史了，我顿时感到脚下滚烫的石子路不再发热，而是踏在历史的卷轴上，这里的一石一土都见证了澳门的演变。过了许久，热气并没有退散，甚至变得更加猖狂，疯狂地卷过我们身边，把所有人弄得汗流浃背，不得不躲进邮局里乘凉。但我反观澳门的本地人，若无其事地在街上走着，无声地推动他们忙碌的一天。街上零食摊旁聚集了很多人，有秩序地等着购买烤肉干，肉干在烤架上"嗞嗞"地冒着白气，油香、肉香、蒜香混合着飘到对街的邮局，我瞬间明白了此等美食对疲倦路人的诱惑。我默默咽了下口水，若不是外面炎热的天气，我便买来尝了，在美食和空调冷气之间，我坚定地选择了后者。

　　接下来是人情热，使澳门热火朝天的，不只有炎热的天气，还有热烈的人情味。

带领我们的导游是土生土长的澳门人，一路上他不仅做好了自己的本职工作，精准地带路，耐心地讲解每一个景点，还与我们成了朋友，在车上积极地给我们发水喝，在有人想要购买纪念品时帮他们兑换澳币，在闲暇的时间里告诉我们一些神话故事和当地的风土人情。

在酒店用餐时，两个大学生模样的女人问我们从哪里来，我和同伴说是从全国各地，两个人用不太标准的普通话对我们说："澳门欢迎你。"还自掏腰包送了我们同行的三个人一人一份煎饺。咬着香脆的煎饺，我感受到了澳门的好客，在生活节奏如此之快的城市里，还能保持着朴实的好客之心，是十分不易的。导游和两位女大学生让我清晰地感到澳门人的似火热情。

澳门，不仅开阔了我的视野，更像是一团熊熊燃烧的火焰，使我满腔热血。

★西篱点评★

澳门的经历虽然短暂，但作者犹如踏在历史的卷轴上，了解了美丽澳门的前世今生。澳门的热在于气候，也在于人心，心之热，也是情之热。二者，作者都有深深的体验和描述。这篇文章简短，文笔朴素，叙事完整，相信作者所经历的点点滴滴，都将化为心底的美好，保存下去。

走过澳门

侯静怡　初中二年级　北京市

澳门的禅意

听，香灰落下来了，很轻，也许轻到你听不到；看，香烛的烟在缠绵，很柔，以至于能够让我们慢下来；嗅，那股禅意的味道在与你共舞，很淡，仿佛已与生命相融。

你到过澳门的庙吗？噢，我没说妈祖阁，而是那种很小很小的庙，小到只能装下我们心中的禅。外面是令人蒸融的酷暑吧？但这里很舒服，清晨洒下的清水还未曾干透，石阶有些地方深，有些地方浅。循着烛的袅袅之香探身进来，来到澳门的庙，那种很静的庙。天后在你面前温婉地站着，也许是坐着。她不看你，却又像是在温柔地凝视着你。点一根香吧，放在香烬上，看它的烟在空气中舞蹈，让它阐释出你的虔诚。嘿，多待一会儿吧，让这禅香悄悄钻进你的肌肤，让它透过血管和骨髓，浸到你的灵魂里去。走之前，再回眸一次吧，生物间的相逢已很难得，更何况人与禅呢？嘘，认真听那澳门的禅意……

澳门的历史

博物馆是一个城市最富有历史感的地方，也是最具精华的地方。在炎炎夏日，让历史带给你一份洗礼……澳门不是一个穷乡僻壤，它富丽堂皇又年轻气盛。

但同时，澳门也有它的厚重。从澳门博物馆出来不远便是一个巨型建筑，没错，是大三巴。它曾是那样雄厚阔大，但历经沧桑后有些单薄，不过它还是很宏伟的对吧？它的精雕细琢仍令人赞叹不已，它的正面仍是完美的呈现。

与其相似的是各种教堂，那种神圣与庙宇相比亦毫不逊色。圣母或端庄或温柔，总能成为信徒们的精神依托，他们在倾吐罪恶，在洗礼灵魂。忏悔与祈祷，总会令人心安。不浓不淡的暖橘色光抚在脸上，心也自然地沉静下来……

澳门的风情

所以说，澳门是个充满古意、死气沉沉的地方啰？非也，它是个多元化的城市，它还有更加充满活力的一面，各式的娱乐厅、悠闲的度假区，在欧美风的建筑里，人们放肆地大笑，又在娱乐场所一掷千金……这里像是风情万种的女郎，又像低调奢华的绅士。所有的霓虹灯都打向这里，在这里，你便是一个真实自在的自己，在舞台上大放异彩。你爱它的金碧辉煌，爱它的疯狂，爱它的锋芒毕露。

澳门是一个很难被定义的地方，说它总是朝气蓬勃？但它也有自己的沉稳。说它浓浓古意？但它又是这样地激情澎湃。这也许便是它的魅力所在吧？没有什么可以规范它、限定它，它在做自己，一个复杂而美丽的小城。

无论怎么说，我曾与它相视而望，凝视过烛火的跳动，惊叹过建筑的神奇，也曾目睹过奢华的优雅。而这在我生命中不过是一瞬的交流，也许会让我用一生来回首。

亲爱的澳门，我走了，没有带走什么，也未曾挥手……

★西篱点评★

北京十一中的侯静怡同学，她用诗意的语言写澳门的禅意。她说："听，香灰落下来了，很轻，也许轻到你听不到；看，香烛的烟在缠绵，很柔，以至于能够让我们慢下来；嗅，那股禅意的味道在与你共舞，很淡，仿佛已与生命相融。"接着，她用理性的语言写澳门历史的厚重，又用深情的语言写澳门的风情。她说："而这在我生命中不过是一瞬的交流，也许会让我用一生来回首。"在这篇1200字的文章里，侯静怡同学给我们展示了她诗意的想象，和哲学的思考，非常地难得。

走过澳门

贾庆淳　初中一年级　沈阳市

有歌有酒，则今朝可醉；有进有新，则澳门可喜。

——题记

踏上甲板，吹着让人陶醉不已的海风，惬意之时，眺望着雾中港珠澳大桥的朦胧身影，岂非天际邪？"风休住，篷舟吹取三山去"，乘着东风，破着巨浪，我终于来到了澳门。

我报路长嗟日暮

"你可知……"一首《七子之歌》，唱遍大湾区而不休，只因其中对大陆的爱之真挚。

明末清初之季，葡萄牙侵略者来犯，骗取此地居住权，并开始了殖民统治，曾几何时，澳门教堂遍布；曾几何时，台台大炮冲向大陆；曾几何时，中华传统都作了土！

悲哉！澳门本地风俗再难改变，西洋文化深入其中！喜哉！澳门披荆斩棘回归母亲怀抱，中国版图之上不难寻它！

你创史上辉煌纪

澳门，你穿春秋、越夏冬，惊起千层浪。你的发展之势，气吞万里如虎！

如今的你，政通人和，百废俱兴。

年年岁岁月相似，可月光之下的澳门却让老人们感受自己是"烂柯人"。春江潮水连海平，澳门回归得双赢！

走过澳门，我了解了许多知识、文化、风俗，感受到了许多情感，如喜悦、激动、震撼、光荣……为什么光荣呢？因为我是一名中国人，我为我的中国梦而骄傲、自豪！

走过澳门，我只想说，乘风破浪正当时，愿澳门越发展越好！

心中永恒不变的，唯有那"会挽雕弓如满月，西北望，射天狼"的拳拳之志！

★西篱点评★

走过澳门，留下足音，留下思绪。文章中分设两个小节，小节标题都很有气势。写好文章，文字的表达能力很重要，思想力也很重要。作者在澳门收获了知识、文化、风俗、情感，如果在这四个方面再有些抒写，文章会更饱满和完整。

图书在版编目（CIP）数据

走过粤港澳：茅盾青少年文学院第二届征文作品集 /
赵庆铂 主编. -- 北京：作家出版社，2020.8
　ISBN 978-7-5212-1018-7

　Ⅰ. ①走… Ⅱ. ①赵… Ⅲ. ①作文 - 中小学 - 选集
Ⅳ. ①H194.5

中国版本图书馆CIP数据核字（2020）第108505号

走过粤港澳：茅盾青少年文学院第二届征文作品集

主　　编：赵庆铂
责任编辑：宋辰辰
营销编辑：商晓艺
学而思统筹：孙晶
学而思审校：金晓艳　徐曙光
装帧设计：意匠文化·丁奔亮
出版发行：作家出版社有限公司
社　　址：北京农展馆南里10号　　邮　　编：100125
电话传真：86-10-65067186（发行中心及邮购部）
　　　　　86-10-65004079（总编室）
E-mail:zuojia@zuojia.net.cn
http://www.zuojiachubanshe.com
印　　刷：北京盛通印刷股份有限公司
成品尺寸：152×230
字　　数：257千
印　　张：19.75　　插　　页：12
版　　次：2020年8月第1版
印　　次：2020年8月第1次印刷
ISBN 978-7-5212-1018-7
定　　价：36.00元